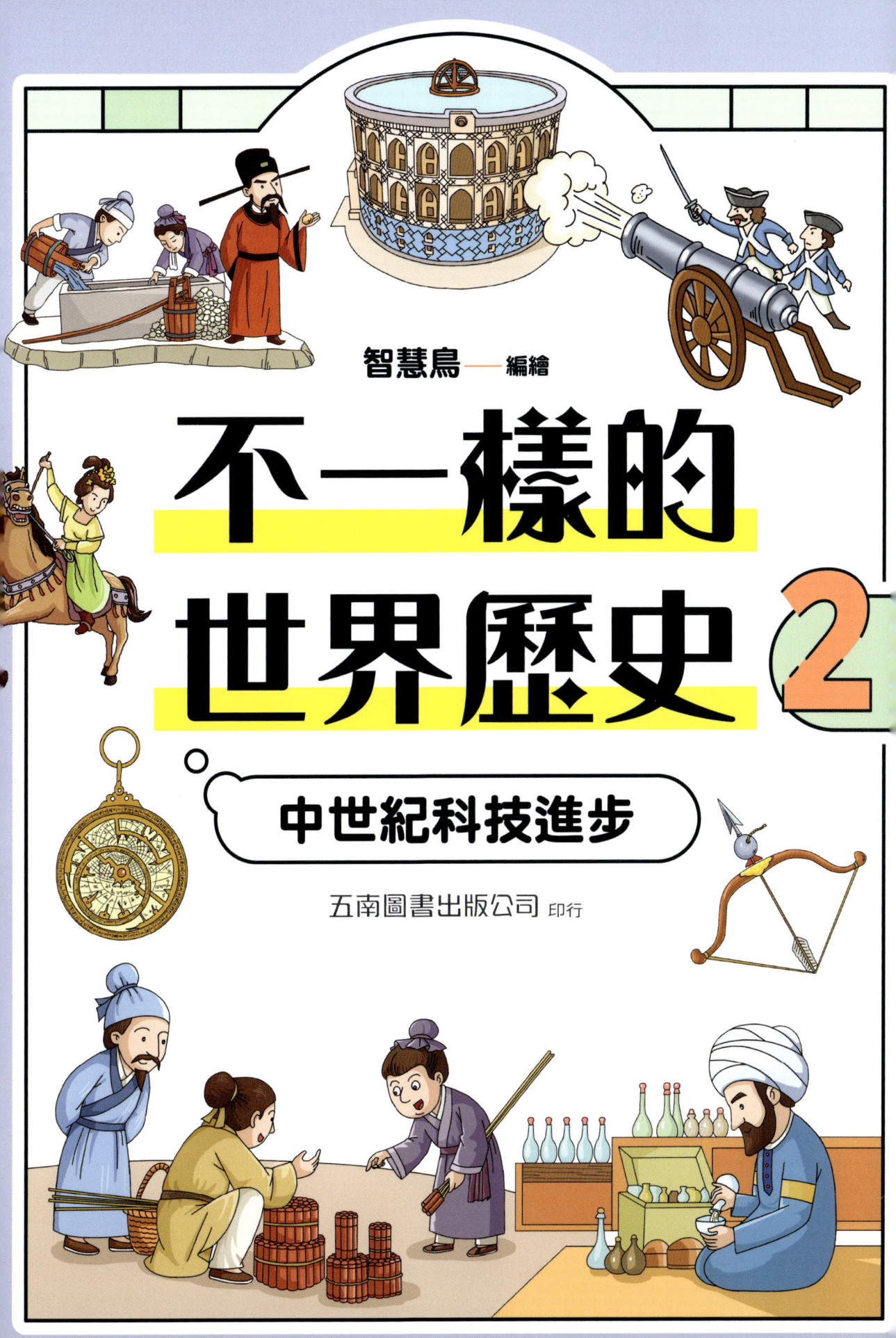

```
國家圖書館出版品預行編目資料

不一樣的世界歷史. 2, 中世紀科技進步/智慧鳥作.
 -- 初版. -- 臺北市：五南圖書出版股份有限公司,
 2025.06
　面；　公分. -- (學習高手；257)

 ISBN 978-626-423-482-5(平裝)

 1.CST: 世界史　2.CST: 文明史　3.CST: 通俗作品

713                                    114007022
```

YC52　學習高手 257

不一樣的世界歷史2：中世紀科技進步

作　　　者：智慧鳥
編輯主編：王正華
責任編輯：張維文
文字校對：葉　羚
封面設計：姚孝慈
出　版　者：五南圖書出版股份有限公司
發　行　人：楊榮川
總　經　理：楊士清
總　編　輯：楊秀麗
地　　　址：106台北市大安區和平東路二段339號4樓
電　　　話：(02)2705-5066
傳　　　真：(02)2706-6100
網　　　址：https://www.wunan.com.tw
電子郵件：wunan@wunan.com.tw
劃撥帳號：01068953
戶　　　名：五南圖書出版股份有限公司
法律顧問：林勝安律師
出版日期：2025年6月初版一刷
定　　　價：新臺幣320元

※版權所有‧欲利用本書全部或部分內容，必須徵求本公司同意※

前言

　　許多人認為對科學和技術來說，中世紀是一個徹頭徹尾的黑暗時代。璀璨奪目的古希臘和羅馬文明被破壞殆盡，愚昧和迷信籠罩著當時的歐洲。但實際上如果放眼全球，你會發現在當時不論是以中華文明為代表的東亞，還是阿拉伯世界，其科技發展正處於一個全新的高峰期。譬如造紙術、印刷術、黑火藥、數學和醫學等。這些來自東方的科技藉由一系列商貿和軍事活動向西方傳播、擴散，並成為日後歐洲文藝復興和工業革命的溫床。這一切巨變到底是如何出現的？那些看似平平無奇的科技革命究竟為什麼會對後世產生翻天覆地的影響？這本書也許會帶給你新的啟發。

目錄

約西元 105～800 年	造紙術的進步 從蔡倫造紙到唐朝宣紙	1
約二～十二世紀	佛陀西來 佛教在亞洲的傳播	6
西元 224～651 年	波斯薩珊王朝的藝術 地毯、金銀器和馬球	14
約七～十六世紀	雕版印刷術 印刷技術大發展	20
約七世紀	黑火藥的發明 讓人類進入熱兵器時代	24
西元 832 年～十五世紀	智慧宮和天文臺 承前啟後的阿拉伯科學	32
約西元 780～850 年	花拉子米與《代數學》 開啟阿拉伯數學黃金時代	38
西元 980～1037 年	阿維森納 阿拉伯醫學之聖	43
西元 1031～1095 年	博物學家沈括 撰寫出北宋科技百科全書	50
西元 1186～1249 年	法醫宋慈 世界法醫學奠基人	56
約十一～十三世紀	高棉帝國和吳哥窟 東南亞文化的明珠	62
西元 1219～1221 年	蒙古人占領撒馬爾罕 蒙古西侵的開始	67
西元 1405～1433 年	鄭和下西洋 大航海時代前最大規模的海上冒險	72

造紙術的進步

從蔡倫造紙到唐朝宣紙

紙張是人類書寫、繪畫的載體，對人類知識的傳承、普及有著重要意義。世界上最早的紙可以追溯到古埃及。

約西元 105～800 年

東漢末年蔡倫發明了造紙術，此後紙張逐漸普及。到唐朝時，造紙術已經十分成熟，紙張種類繁多且成本低廉。造紙術隨後透過阿拉伯人傳入歐洲，並在世界普及開來。

古埃及人將莎草的莖切成薄片，浸泡後編織在一起，再經過捶打、磨光等工序製成一種名為莎草紙的紙張。這種紙非常耐用，可以千年不腐。

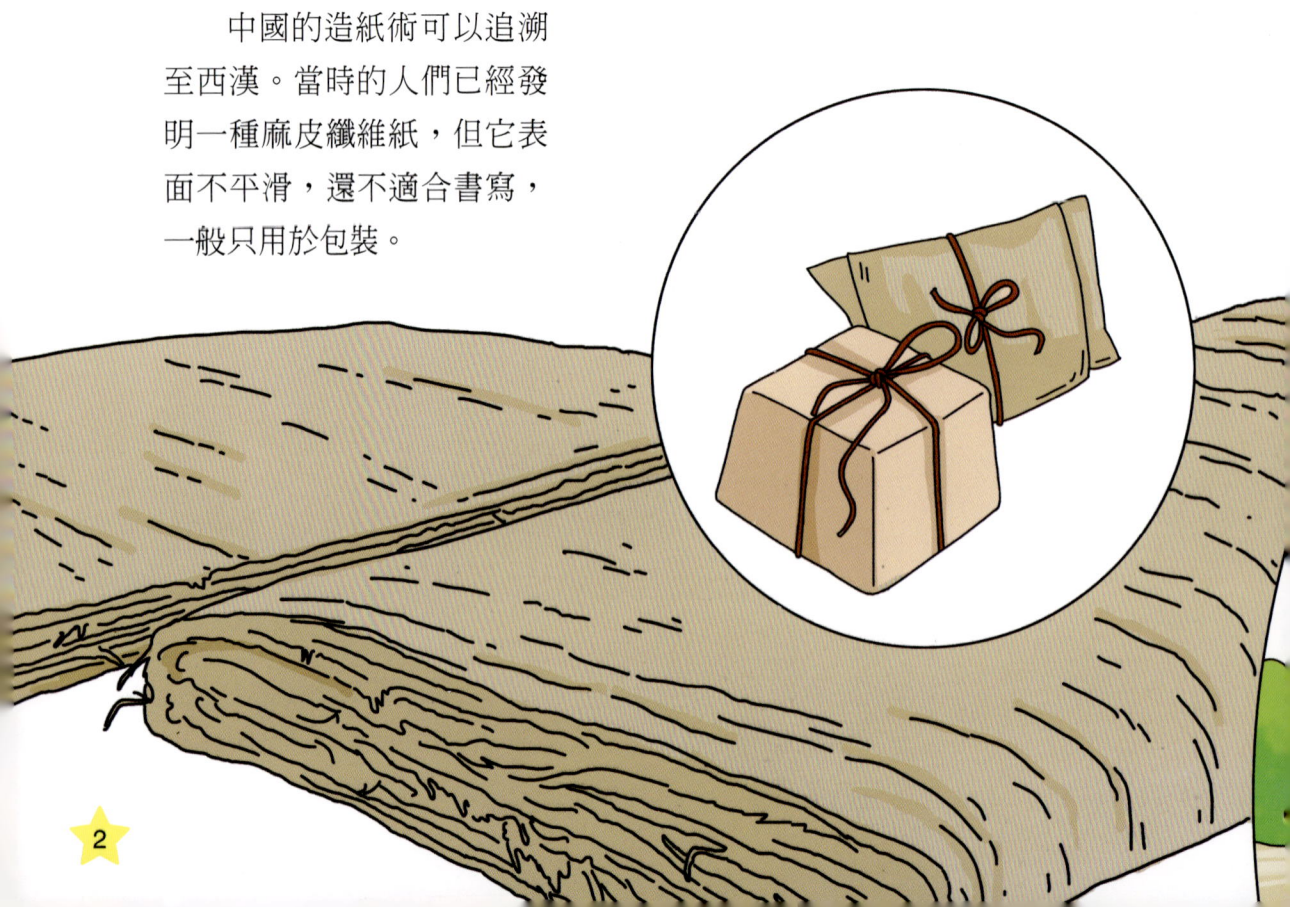

不過莎草紙製作工序複雜、成本高昂,所以普及程度有限。在八世紀左右,莎草紙的製作方法已經失傳。後來中國人製造的紙張透過阿拉伯人傳到地中海沿岸,這裡的人們才開始使用廉價、緊實的新紙張。

　　中國的造紙術可以追溯至西漢。當時的人們已經發明一種麻皮纖維紙,但它表面不平滑,還不適合書寫,一般只用於包裝。

東漢時，一名叫蔡倫的官員總結以往的造紙經驗，並革新造紙工藝，製成「蔡侯紙」。隨後，這種適合書寫的紙張迅速在中國普及開來。

蔡倫造紙術分為 4 個步驟，分別是纖維分離、打漿、抄造、乾燥。原料也不再限於麻皮，而是擴大到樹皮、破布、漁網等。

雖然做出的紙還有些粗糙，但已具有劃時代的意義。由於技術提升和原料的豐富性，紙張的價格也降了下來，讓平民百姓也能用得起。

蔡倫

為了得到更平滑、潔白的紙張，後世的工匠們也沒有停止對造紙術的改良。最晚至隋唐時期，人們已經發明了一種新的紙張抄造工具——抄紙簾。

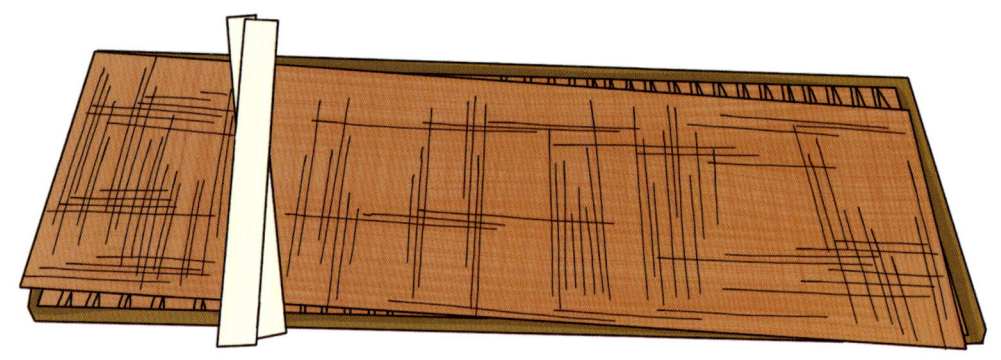

　　這是一種用細竹絲編成的席子，透水性很強。用這種工具來抄紙，所得到的紙張會更輕薄、平滑。唐朝時，工匠們將青檀皮和稻草搗碎，製成紙漿，再用抄紙簾抄紙，造出一種全新的紙張——宣紙。這種紙後來成為書畫的標準用紙。

　　唐朝社會安定且文化昌盛，當時的人們很崇尚佛教。為了方便人們抄寫經文，工匠們還發明了一種黃麻紙。

這種紙在製作時加入有驅蟲功效的黃汁，能防止蛀蟲。如果再將紙的表面敷上一層蠟，更可以將紙張的保存時間延長到千年以上。二十世紀時，考古工作者在敦煌發現不少經卷，就是用這種黃麻紙蠟箋抄寫的。

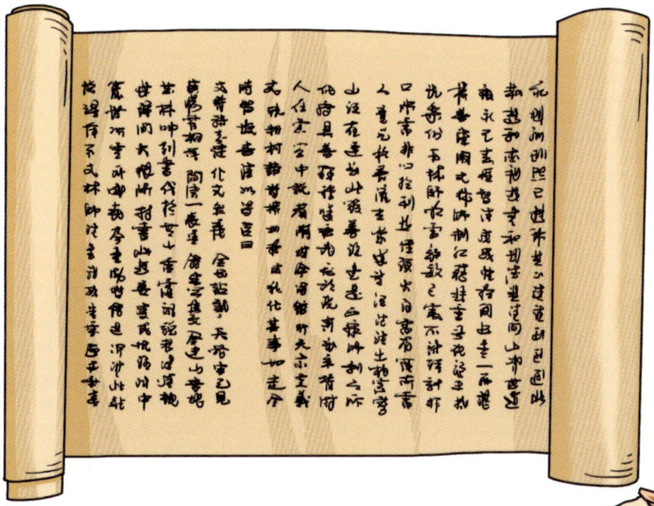

中國人發明的紙張還有很多種，這些紙和造紙術一起透過絲綢之路傳到阿拉伯人那裡，後來又透過阿拉伯商旅傳到地中海沿岸，也因此紙張得以在歐亞大陸普及開來。造紙術也成為中國影響世界的一大發明。

佛陀西來

佛教在亞洲的傳播

佛教是世界三大宗教之一。它誕生自古印度，後來又被引入中原、東南亞、朝鮮等地，對亞洲各國的社會發展產生重要影響。

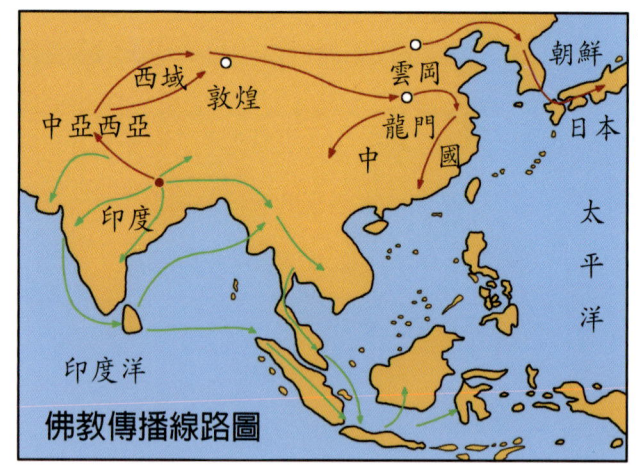

佛教傳播線路圖

在佛教誕生以前，婆羅門教已經在古印度流行很久，它的教義將民眾分成4個等級。而佛教推崇萬物平等，這在當時的社會無疑是更先進的理念。

約二～十二世紀

西元前六～前五世紀時，釋迦摩尼在古印度創建佛教。西曆紀元前後，佛教已在東南亞流行起來，同一時期，佛教也經由西域傳入中原。隨著佛教在亞洲廣泛傳播，各國的文化交流也日益頻繁、緊密。

在西元前三世紀左右，古印度迎來第一個統一的強大王朝——孔雀王朝。這個王朝的第三任國王阿育王十分推崇佛教，他命令在全國設立佛塔，並供奉佛舍利。直至今天，一些修建於孔雀王朝的佛教建築仍然矗立在南亞的大地上。

佛教在南亞達到鼎盛以後，便繼續向東方傳播開來，傳播路線大致可分為「南傳」、「北傳」、「藏傳」三條線。

首先受到影響的就是東南亞諸國。根據史料記載，一世紀初期，佛教已經在今天的緬甸南部、泰國中部、寮國等地流行起來。

大約 300 年後，佛教又傳入印尼諸島。現在印尼爪哇島上還矗立著雄偉的婆羅浮屠遺跡，這個建築大約建於九世紀，正是佛教在東南亞興盛的體現。

佛教的另一條東傳路線是經西域傳入中國。佛教在東漢時已經傳到中原，但剛開始並沒受到推崇。等漢朝終結以後，中國進入長達幾百年的戰亂期，佛教宣揚的「來世」給百姓提供精神寄託，因此得到快速傳播。

隨佛教傳入的還有古印度的建築。今天新疆的克孜爾千佛洞，甘肅的敦煌石窟、麥積山石窟等，就是源自古印度的佛教建築——石窟寺。

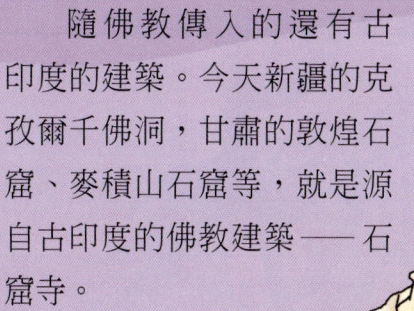

石窟寺是在山岩上挖掘出的洞窟，窟內雕有佛像，牆壁上也往往繪有壁畫，這些造像和繪畫成為現代考古學家研究古代文化的寶貴資料。

佛塔也是一種外來建築。印度的佛塔叫做窣堵波，是存放僧人舍利子的墓葬。窣堵波進入中原後，逐漸演變成高大的磚石佛塔。

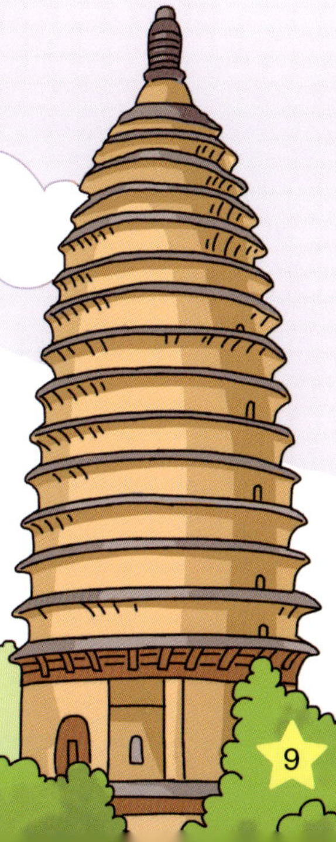

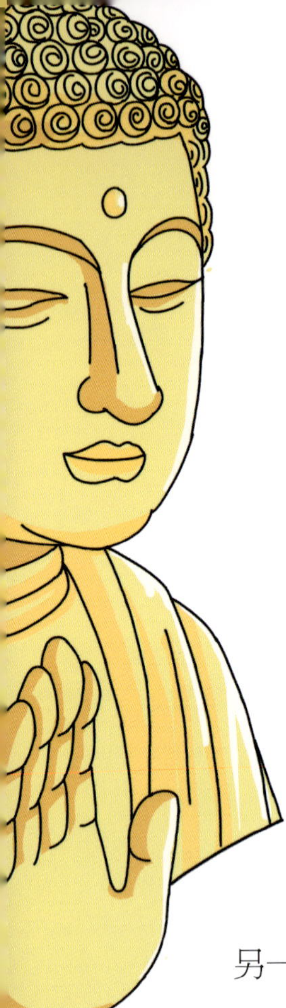

在晉朝至唐朝間，曾有許多中國僧人沿絲綢之路前去印度學習佛法，這些人都是古代的旅行家，他們記下沿途見聞，而這些紀錄後來都成為寶貴的歷史資料。

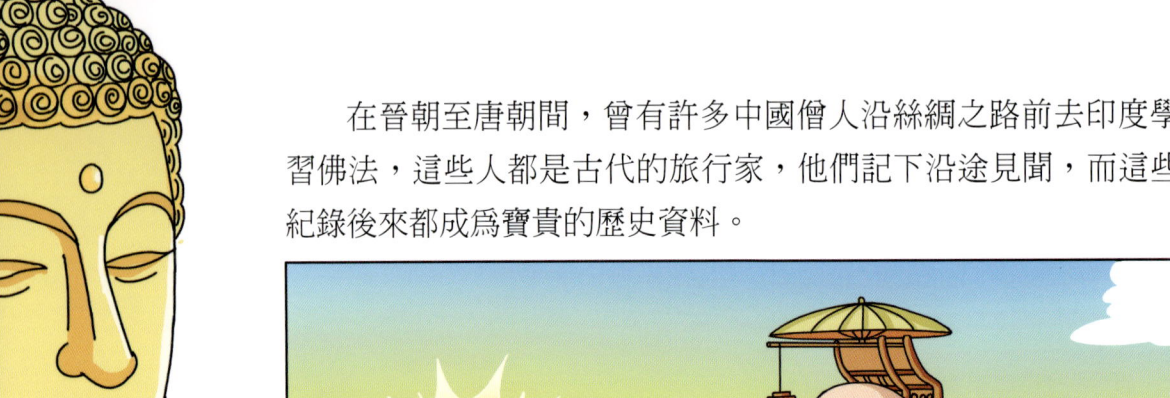

中國的僧人旅行家中，最有名的有兩位：分別是東晉的法顯，另一位則是唐初的玄奘。

法顯西行的時間是五世紀，這一時期印度正處於超日王統治之下，其藝術、文學和自然知識的發展也達到巔峰。法顯記下這一時期印度的風土人情，並寫成《佛國記》一書，這本書後來成為研究南亞歷史的重要資料。

另一位旅行家更加有名，他就是《西遊記》故事的原型——玄奘。玄奘也是經由西域到達印度，他將沿途見聞撰寫成《大唐西域記》一書。十九世紀末，考古學家正是參考這本書，才找到歷史上著名的佛學院——那爛陀寺的遺址。

《大唐西域記》中還記載到：在興都庫什山中有許多石窟，其中最大的兩座石窟高達數十公尺，窟中有站立的佛像，渾身貼滿金箔和寶石，蔚為壯觀——這就是著名的巴米揚大佛。它們一直從玄奘生活的年代，矗立到二十世紀末。

唐朝時，如同法顯、玄奘西行一樣，朝鮮和日本也有許多僧人前來唐朝留學，他們不僅帶回佛學經典，還帶回唐朝的各種工藝技術、特色物產。

佛教的最後一條東傳路線，就是在七世紀中葉經尼泊爾進入西藏。當時西藏的統治者叫松贊干布，他娶了兩位公主，一位是唐朝的文成公主，另一位則是尼泊爾公主，兩位公主都帶去大量的佛教經典。

這些佛教文化與藏地本土的宗教互相揉雜，終於在十世紀後半葉形成藏傳佛教。此後的幾百年間，藏傳佛教的影響日益擴大，上層喇嘛掌握實權，並建立政教合一的政權。

但令人唏噓的是，作為佛教發源地的印度，卻在十二世紀迎來滅頂之災。伊斯蘭教徒進入南亞後，破壞了那爛陀寺、超岩寺等大寺，僧侶們不得不逃亡到西藏、尼泊爾、爪哇、緬甸等地，最後佛教終在印度消亡了。

佛教的歷史雖然起起落落，但在超過 2000 年的時光裡，它成為亞洲各國進行文化交流、人員往來的紐帶，對整個亞洲的文化發展都產生重要的影響。

波斯薩珊王朝的藝術
地毯、金銀器和馬球

西元 224～651 年

西元 224 年，波斯人建立了薩珊王朝，又稱波斯第二帝國。這是一個在中亞、西亞矗立超過 400 年的強大國家，影響力遍及西歐、非洲、中國及印度，對歐洲及亞洲中世紀藝術的成形起著顯著的作用。

西亞的著名城市泰西封曾是帕提亞帝國的東都，其建設發達，人口眾多。薩珊王朝建立以後，也將都城設在這裡。此後 200 年，泰西封都是薩珊王朝境內最繁華的城市。

這裡不僅有希臘人、猶太人、敘利亞人、阿拉伯人混居於此，絲綢之路上的各種商品在這也都能見到。直到今天，泰西封的皇宮遺址仍然矗立在大地上，向今人訴說著古代西亞的繁華、富庶。

薩珊王朝的工藝技術很發達，他們最著名的手工藝品就是波斯地毯。每張地毯都有獨一無二的花紋設計，堪比一幅精美的波斯繪畫。皇室或有錢人訂製的高級地毯中，還會編入金銀線、真絲，並綴上寶石。薩珊王朝的國王甚至在皇宮中專門設立一個地毯陳列室，用來收藏這些藝術品。

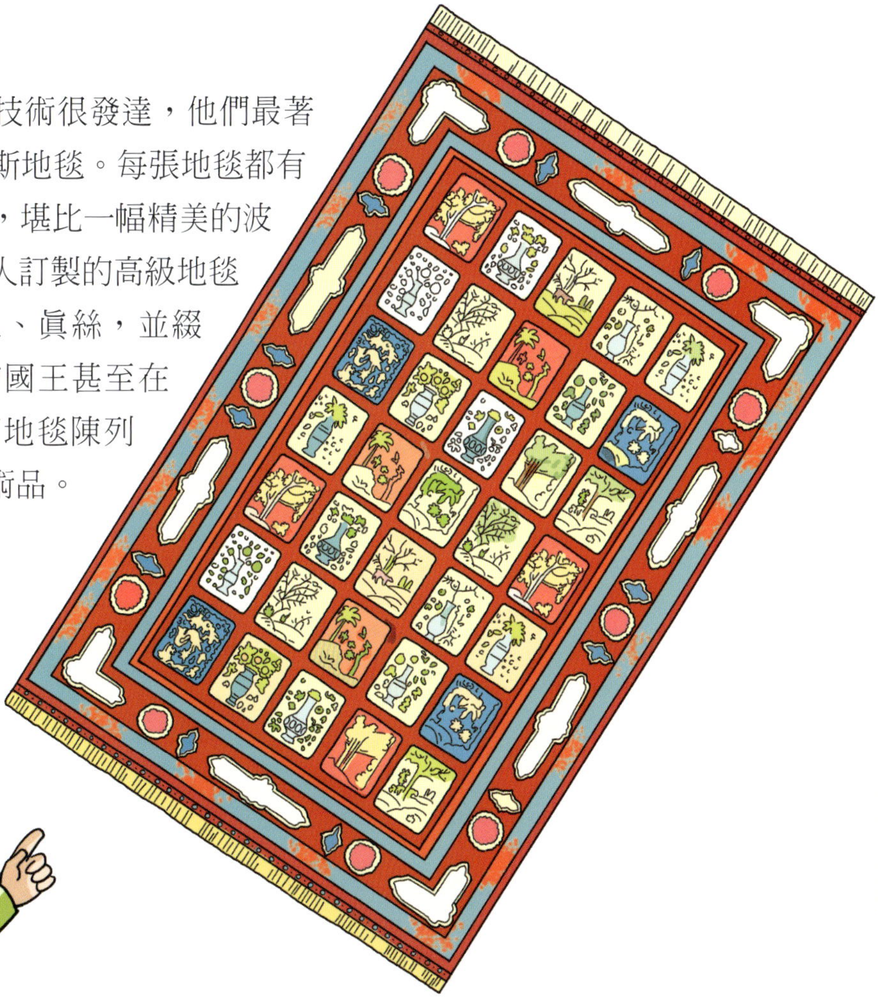

波斯地毯也隨著貿易路線被賣到地中海、印度和中國，其深受歡迎是當時歐亞大陸上最著名的奢侈品。當時四川的織錦，就很喜歡模仿波斯地毯上的紋樣。

薩珊王朝的金銀器工藝也對後來中國手工藝產生重要影響。金銀器加工技術起源於古埃及，後來傳到古希臘和西亞，這些工藝也被薩珊王朝繼承並發揚光大。波斯金銀器造型生動、細節豐富，今天看來仍讓人嘆為觀止。

古代的地中海和西亞國家，多以金銀幣為流通貨幣。這些貨幣上鏨刻著精美的人像和文字，製造技術十分先進。在中國南北朝一些貴族的墓葬中，就曾出土過一些薩珊王朝金幣，可見這些金幣也深受中國貴族的喜愛。

在薩珊王朝和中國的來往中，還有不少工匠來到西域和中原，他們帶來的技術促進了中國本土金銀器工藝的發展。

中國曾出土過許多唐代金銀器，從鏨刻、造型風格上能看到很明顯的西亞風格，有的杯子上甚至直接刻上古希臘神話中的人物，這些金銀器就是中世紀歐亞文明友好往來的直觀體現。

玻璃製造也在羅馬帝國後期被波斯人掌握。波斯玻璃器在器皿造形、琉璃雕刻上較羅馬時期更進步，已經可以與現代玻璃器媲美。這些玻璃產品一度風靡歐洲，向東一直傳到中國、日本。

大約在西元前六世紀，波斯人發明了馬球，後來這種運動在北印度、西亞、中亞普及開來。最早在漢朝時，馬球就傳到中原；到了唐朝，馬球更成為一種時尚運動，連唐宮中的宮女們都很愛打馬球。

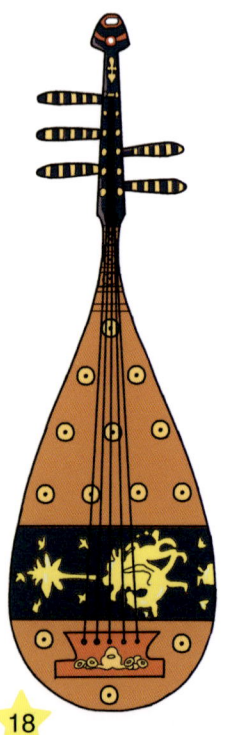
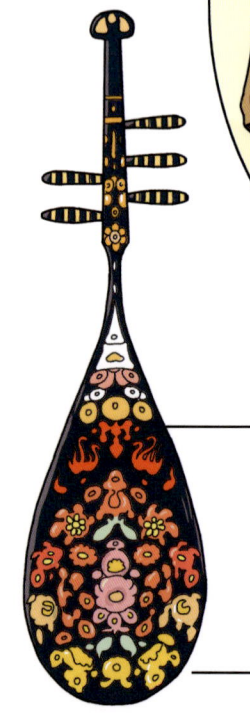

另外，深受中國人喜愛的琵琶、嗩吶等樂器也是從波斯引進的。「嗩吶」一詞，其實就是這種樂器的波斯語 Suma 的音譯。

薩珊王朝的輝煌持續了四百多年，但這樣一個帝國最後還是迎來了覆滅。在帝國的晚期，國家經濟衰退、階層矛盾已日益凸顯，這時阿拉伯人在薩珊王朝的南方崛起了。

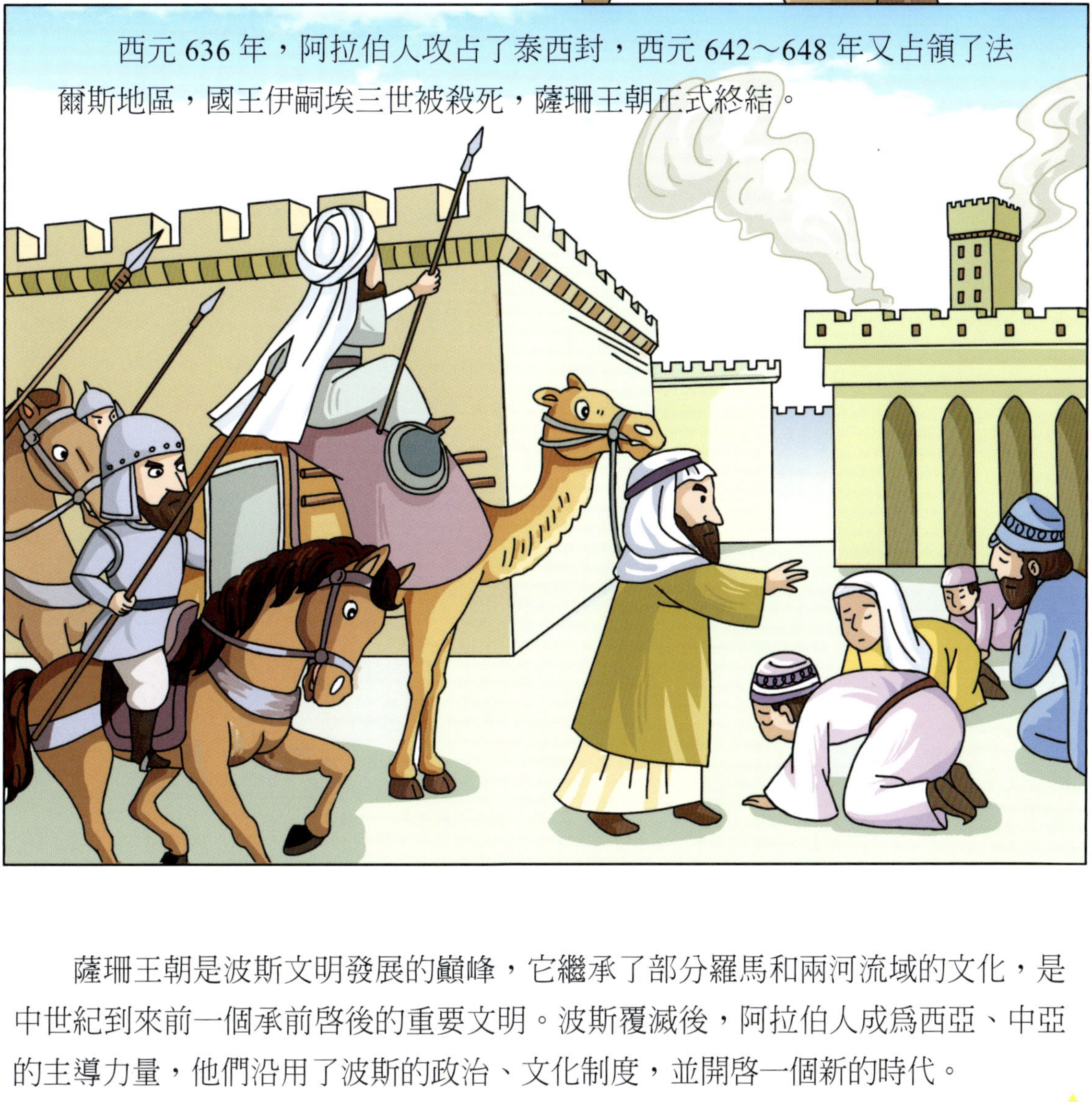

西元 636 年，阿拉伯人攻占了泰西封，西元 642～648 年又占領了法爾斯地區，國王伊嗣埃三世被殺死，薩珊王朝正式終結。

薩珊王朝是波斯文明發展的巔峰，它繼承了部分羅馬和兩河流域的文化，是中世紀到來前一個承前啟後的重要文明。波斯覆滅後，阿拉伯人成為西亞、中亞的主導力量，他們沿用了波斯的政治、文化制度，並開啟一個新的時代。

雕版印刷術

印刷技術大發展

在印刷術誕生之前,人們要撰寫書籍只能用手抄寫,這樣需花費幾天甚至幾個月才能抄完一本書,效率非常低。

大約在七世紀,中國人首先發明了雕版印刷術,這種技術是將文字和圖畫雕刻在木板上,然後在印版上塗抹油墨,再覆蓋上紙張進行印刷。這樣,印刷的效率便大大加快了!

約七～十六世紀

雕版印刷術起源於唐朝初期,後來透過阿拉伯人傳到歐洲。它的出現大大提升印刷效率,對知識的傳播具有積極作用。後來,宋朝人和歐洲人各自發明活字印刷術,進一步提升印刷效率。

根據記載，唐初的僧人曾用雕版印刷製作佛教「宣傳單」，並在人群中分發；到唐中期以後，人們已經用雕版印刷來印製書籍、詩歌。世界上現存最早的雕版印刷品正是西元868年印刷的《金剛經》——這卷經書發現於敦煌藏經洞，現藏於大英博物館。

後來印刷術傳到阿拉伯人和蒙古人那裡，他們又把雕版印刷術帶給歐洲人。目前人們找到最早的歐洲印刷品是西元1423年印製的版畫〈聖克利斯道夫像〉。十五世紀中葉，印刷術已經在歐洲普及起來。

到了北宋年間，畢昇又對雕版印刷術進行技術升級，發明了陶活字。這種技術是用泥製作一個個字印，再燒成陶印，然後根據所要印製的內容，將陶印固定在鐵板上做成印版。等印製完畢時，再融掉固定字印的松香，就能把字印還原了。

這種製版方式無疑更靈活，效率也更高，所以一經發明便很快得到推廣、普及。

畢昇

南宋時，又有人發明了錫活字；元朝時，王禎發明了木活字和「轉輪排字架」，進一步提升了印版的製作效率，並延長字版的使用壽命。

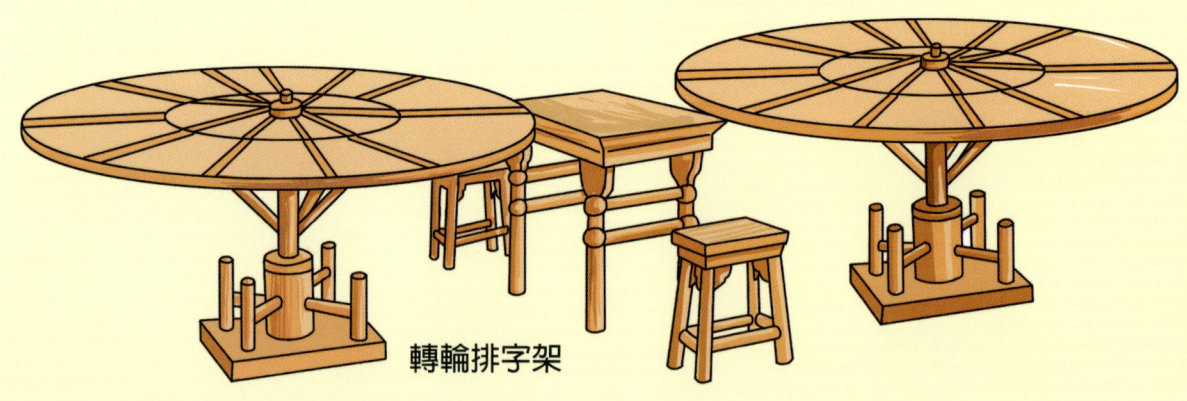

轉輪排字架

在大陸另一邊的歐洲，也有一位發明家對雕版印刷術進行改良——他就是古騰堡。古騰堡發明了金屬活字，並受到錢幣壓製技術的啟發，發明了一種全新的印刷機械，這引發了歐洲的印刷革命。

在古騰堡之後，西方印刷術走上獨立發展的道路，並在十九世紀初發明了鉛字凸版印刷術，這項技術在十九世紀晚期傳入中國，並得到普及應用。

回顧歷史，我們發現印刷術的出現意義重大，它降低了書籍的製作成本，為知識的傳播奠定了技術條件。印刷術也因此被評為中國古代四大發明之一。

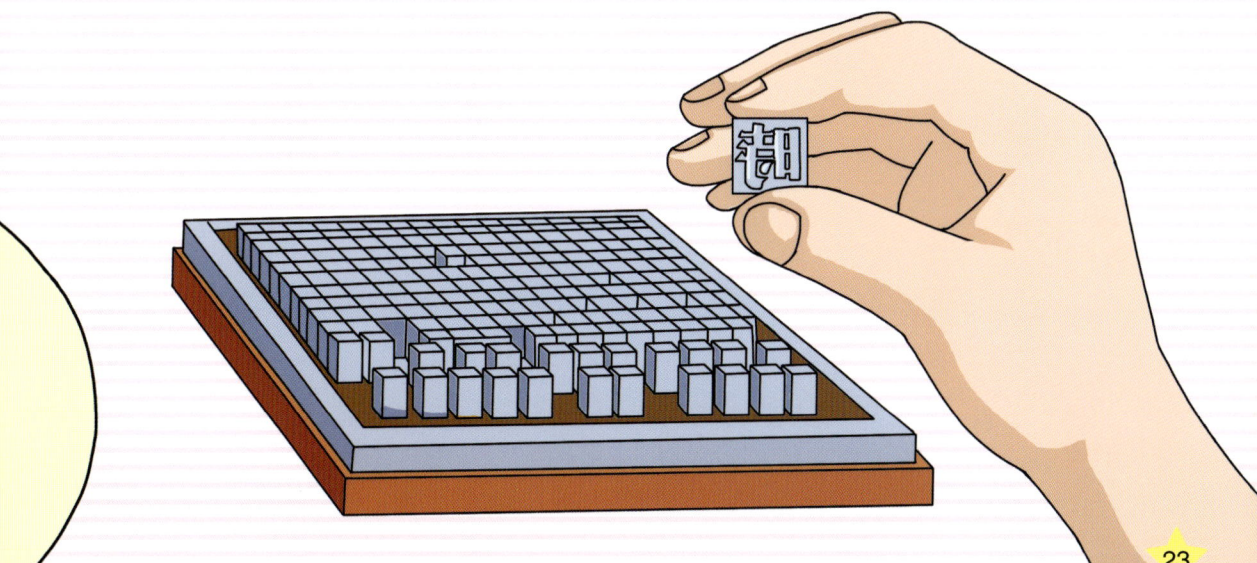

黑火藥的發明

讓人類進入熱兵器時代

約七世紀

火藥是讓人類進入熱兵器時代的關鍵發明。在唐朝末年，人們已經獲得黑火藥的配方，並將火藥應用到軍事領域。隨後的幾個世紀，中國人又發明了更先進的炸彈、火銃和火炮。火藥和火器在中世紀透過阿拉伯人、蒙古人傳到歐洲，並催生出火繩槍。

早在春秋戰國時期，中國的史籍就記載過一個煉丹家將硝石、硫磺、蜂蜜放在一起加熱，結果發生爆炸的事情。那位煉丹家一定不會想到，自己這一爐子燒出了一項將在兩千年後改變世界的發明。

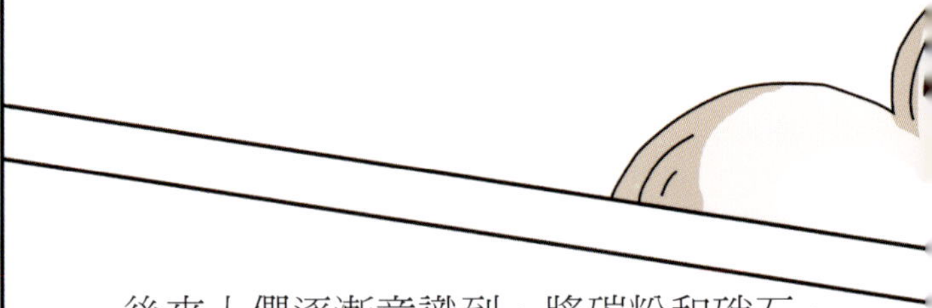

後來人們逐漸意識到，將碳粉和硝石、硫磺混合的物質能引發大火甚至爆炸，於是人們給這種混合物起了一個形象的名字——「火藥」。

唐朝人首先將火藥應用到娛樂活動中。據史書記載，唐初有一名叫李畋的人，受先人「燃竹驅祟」的啟發，將火藥裝進竹筒發明了「爆竹」，後來又發明了煙花。爆竹和煙花在當時都被叫做「花炮」。

24

唐朝末年因武將割據而混戰不斷，各個軍隊都渴望獲得大量具有殺傷力的武器，於是原始的熱兵器──火藥箭、火藥包開始出現。這兩種武器是將黑火藥做成藥球，點燃後用箭或投石機射出去。

到了宋朝，又發明了多種熱兵器，包括火蒺藜（炸彈）、震天雷（鐵殼手榴彈）和火炮、火槍等。

其中，震天雷是一種用生鐵鑄成外殼，裡面填滿黑火藥的武器，原理上已經和現在的手榴彈沒有區別。火蒺藜也是用生鐵或陶瓷製成外殼，上面插滿箭矢，內部填充火藥，點燃後火藥會發生爆炸，外殼的碎片和箭矢四散飛開，殺傷力極大。

蒺藜火球

26

南宋還出現最早的突火槍，這種武器以竹筒作為槍身，竹筒內部裝有火藥與金屬子彈，使用時點燃引線，使火藥噴發並將子彈射出。射程最遠可達 300 步！這可是當時世界上最先進的熱兵器。

到了元明時期，人們用鋼鐵取代竹管，並加大槍管的體積，造出了碗口銃——這種武器正是現代火炮的鼻祖。

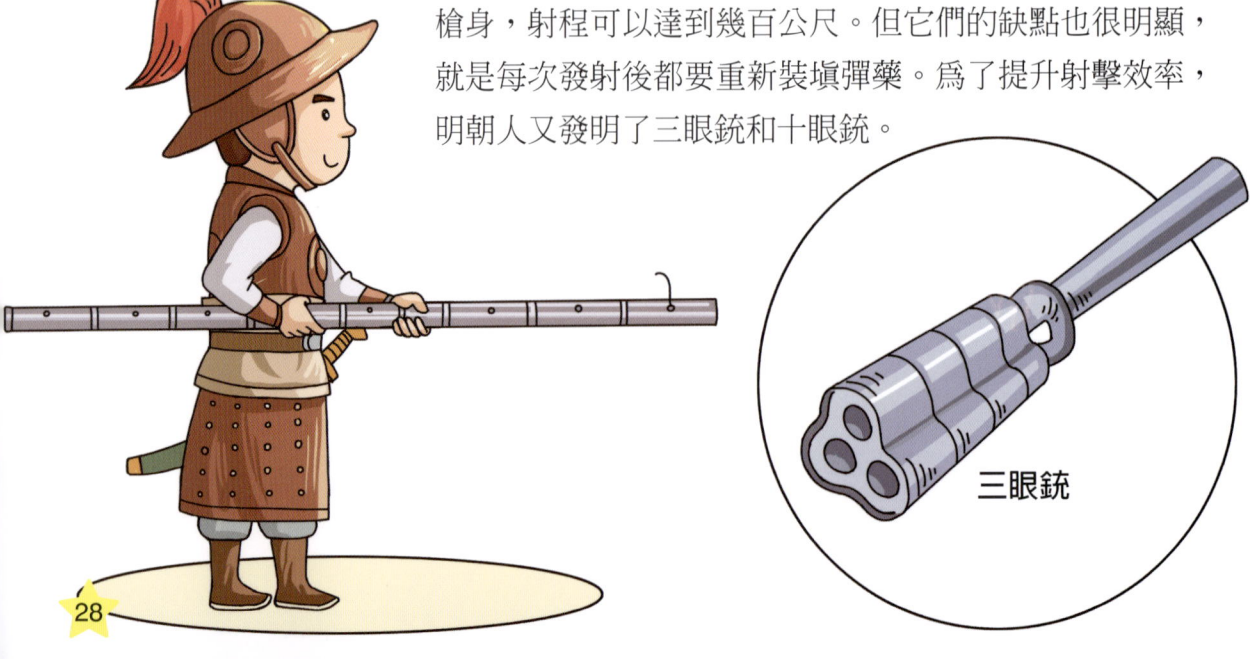

明朝時，中國人的熱兵器也是世界上最先進的，這一時期的火炮、火槍種類繁多，還出現了水雷、二級火箭等熱兵器。

明朝的二級火箭叫「火龍出水」，以竹筒為主體結構，竹筒四周設有火藥箭作推進器，被點燃後能推動火龍飛行一千多公尺，等第一級火箭燃燒完畢，龍腹內的二級火箭（火藥箭）就會自動引燃，再從龍口射出，從空中直襲目標。

明朝的火槍是由宋朝的突火槍演化而來，其採用金屬槍身，射程可以達到幾百公尺。但它們的缺點也很明顯，就是每次發射後都要重新裝填彈藥。為了提升射擊效率，明朝人又發明了三眼銃和十眼銃。

三眼銃

明朝軍隊中有一個神機營，裡面的士兵都配備著各種火器。這些武器中既有中國本土的，也有來自西方的火繩槍。要了解火繩槍的歷史，我們需要把時間往回溯兩個世紀。

　　在大約十三～十五世紀，中國的黑火藥和火門槍透過阿拉伯人、蒙古人傳到歐洲，當時的歐洲和西亞各國經常打仗，所以這些先進的火器很快在歐洲得到推廣。

但歐洲人很快發現突火槍操作繁瑣，且點火不方便，早期更是需要兩個人同時操作（一人負責舉槍瞄準，另一人則負責點火），於是歐洲的工匠們開始改良這種武器。

在西元 1450 年左右，人們在火槍的火門處加裝火藥池，同時在槍身一側裝上點火的「蛇形桿」，蛇形桿的上部再夾上一根不斷陰燃的火繩，這樣只需扳動蛇形桿，火繩就會向下磕入火藥池內，並引燃池內的引火藥。

可不要小看這個發明，它解放了槍手的一隻手，讓槍手可以雙手托槍，從而提升火槍的威力、準確度和操作度。這種火繩槍很快成為西方戰場上的常客，並在十六世紀上半葉傳到東亞。

同一時期，歐洲人還發明了一種重型大炮，它的結構較碗口銃之類的火炮更為先進，威力也大了許多倍，射擊準確度也更高。這些大炮隨葡萄牙商船進入明朝，被明朝人稱為佛郎機砲。

火藥誕生自中國，並在武器中得到最大程度的應用。在十五世紀之後，人類逐漸進入熱兵器時代，世界格局也隨之被改變。

智慧宮和天文臺
承前啟後的阿拉伯科學

阿拉伯人崛起於七世紀，到了八世紀中葉，他們已經占領了北非、西亞和南歐的廣大地區，建立起一個遼闊的阿拉伯帝國。

- 西元 632 年前阿拉伯統治地區
- 阿拉伯全盛時期（西元 750 年）疆域

西元 832 年～十五世紀

八世紀中葉，阿拉伯人建立了強大的阿拉伯帝國，他們將大量希臘、羅馬、印度著作翻譯成阿拉伯文，並在巴格達建立著名的學術機構「智慧宮」，將巴格達建成當時世界上最著名的學術中心。

大量阿拉伯學者開始投身翻譯工作，他們將希臘人、羅馬人、波斯人留下的數學、天文學、醫藥學著作翻譯成阿拉伯文，並在帝國境內廣泛推廣、傳播。這股翻譯熱潮從西元 750 年持續到 843 年，因此被稱為「百年翻譯運動」。

四世紀左右，東羅馬帝國排斥異教，許多希臘學者攜帶大量的科學文化典籍逃到波斯。後來波斯成為阿拉伯帝國的領土，大量波斯書籍也被阿拉伯人繼承了。

　　八世紀中葉，阿拉伯帝國正處於阿拔斯王朝前期，國家經濟繁榮、社會穩定，為學術發展奠定了條件。

西元 832 年，巴格達的政府領袖麥蒙仿照古希臘君主亞歷山大大帝的做法，在巴格達建立起國家級學術機構「智慧宮」，讓翻譯活動達到白熱化。

　　翻譯家們不僅對古代著作進行翻譯，還作了大量校勘、注釋、質疑、補正、摘要、評論等工作。此外，智慧宮還經常舉辦學術辯論會、發表會。在這個過程中，阿拉伯本土科學家逐漸成長起來。

在此時期，正好從中國傳入造紙術和雕版印刷術，使書本印刷變得非常便捷，阿拉伯圖書得以大量、快速出版。

為了普及知識，阿拉伯人還設立一種教育機構——學館。這是一種集體講學和公共圖書館為一體的學堂，館長均由著名學者擔任。

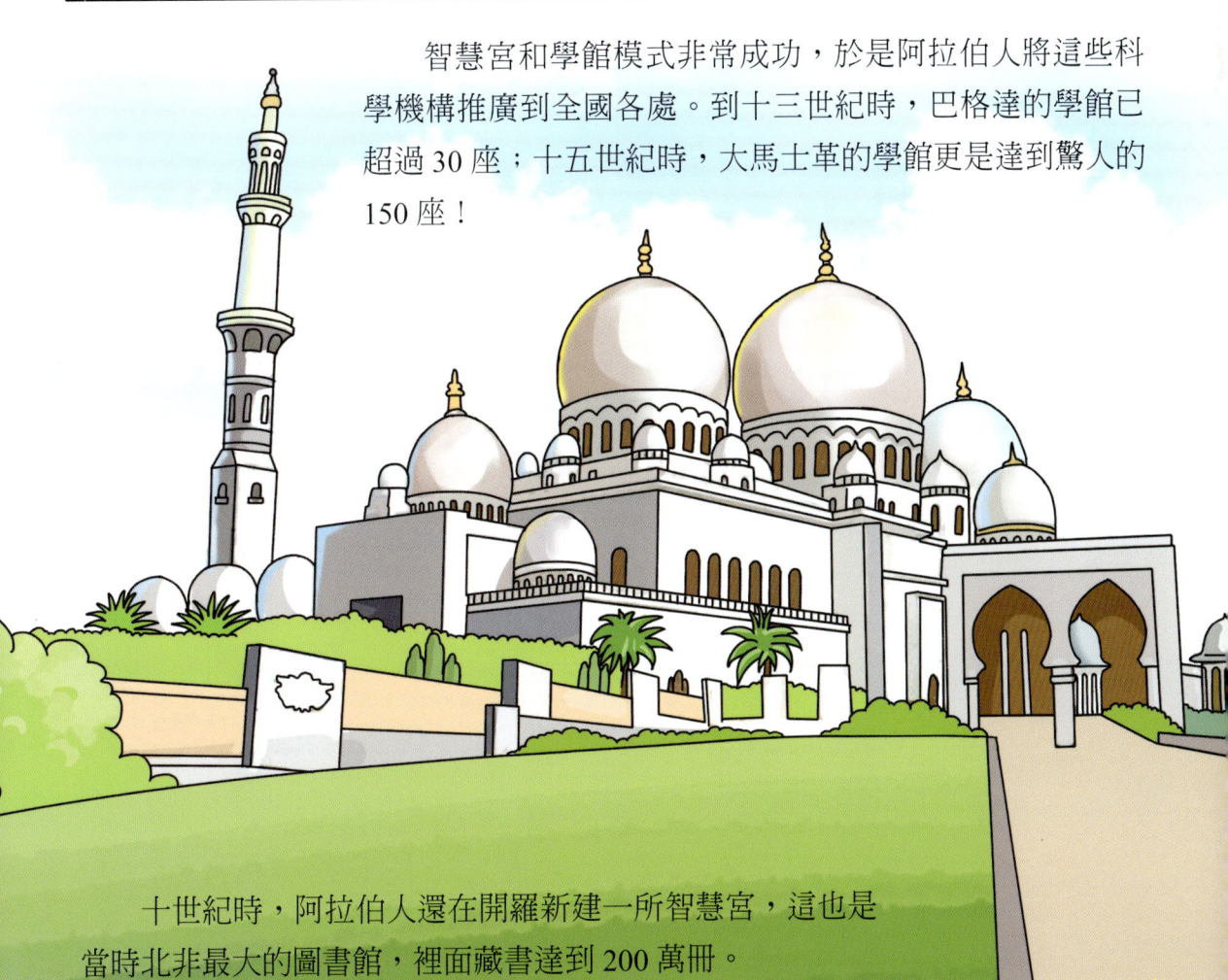

智慧宮和學館模式非常成功，於是阿拉伯人將這些科學機構推廣到全國各處。到十三世紀時，巴格達的學館已超過30座；十五世紀時，大馬士革的學館更是達到驚人的150座！

十世紀時，阿拉伯人還在開羅新建一所智慧宮，這也是當時北非最大的圖書館，裡面藏書達到200萬冊。

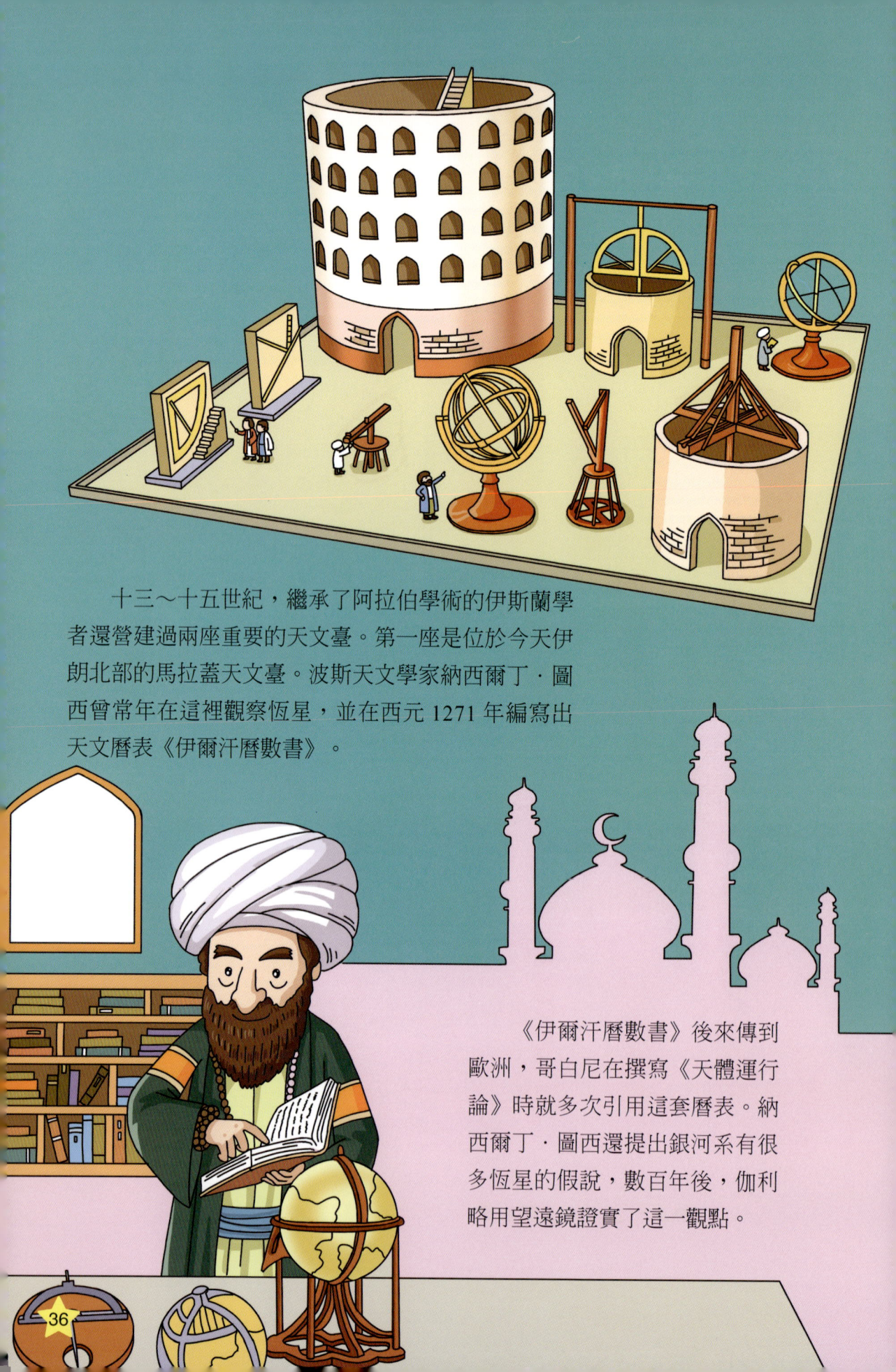

十三～十五世紀，繼承了阿拉伯學術的伊斯蘭學者還營建過兩座重要的天文臺。第一座是位於今天伊朗北部的馬拉蓋天文臺。波斯天文學家納西爾丁·圖西曾常年在這裡觀察恆星，並在西元 1271 年編寫出天文曆表《伊爾汗曆數書》。

《伊爾汗曆數書》後來傳到歐洲，哥白尼在撰寫《天體運行論》時就多次引用這套曆表。納西爾丁·圖西還提出銀河系有很多恆星的假說，數百年後，伽利略用望遠鏡證實了這一觀點。

另一座天文臺是位於撒馬爾罕的兀魯伯天文臺。這座天文臺中的裝置都十分巨大，其中一臺六分儀的半徑超過了 40 公尺！

兀魯伯天文臺復原模型

透過這些裝置，天文學家兀魯伯編制了包括 994 顆恆星的兀魯伯星表，精確測定了恆星年的長度、地球的黃赤交角等。這是當時世界上最精確的星表。

這些天文機械和研究成果後來透過蒙古人傳到中國，對元朝的天文學研究產生很大影響。

從時間上看，阿拉伯帝國前後共存在了六百多年，在這期間，阿拉伯人繼承了古希臘、古波斯的科學，又啓發了後來的伊斯蘭文化；從地域上看，這個帝國橫跨亞、非、歐，成為歐亞大陸各種文明傳播的媒介。因此可以說，阿拉伯文明是中世紀一支承前啓後、連貫東西的重要文明。

花拉子米與《代數學》
開啟阿拉伯數學黃金時代

約西元 780～850 年

阿拉伯原來只有數詞而沒有數字。他們在征服埃及、敘利亞等國後，先是使用希臘字母記數，後來又接受印度數字系統。十二世紀左右，印度數字系統透過阿拉伯人傳到歐洲，後來逐漸成為全球通用的數字。

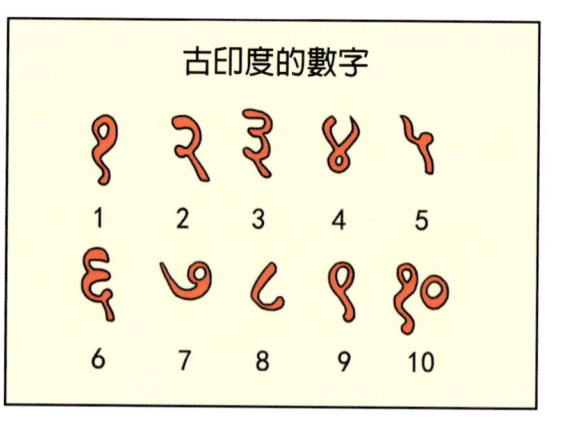

古印度的數字
1 2 3 4 5
6 7 8 9 10

在常年翻譯古希臘著作後，阿拉伯文明進入吸收和創造時期。九～十四世紀，阿拉伯出現了一批數學家，花拉子米正是其中的代表人物。現在全球通用的「阿拉伯數字」正是透過他的著作傳入歐洲。

花拉子米

歐洲人將這些數字稱為「阿拉伯數字」，因為他們是從阿拉伯數學家花拉子米的著作中接觸到這些符號。

　　花拉子米是阿拉伯數學史上最重要的代表人物之一。西元813年，他到巴格達任職，成為智慧宮的領頭學者，在這期間他撰寫出自己的數學代表作《代數學》。

　　《代數學》用簡單的原理解釋了許多涉及生活的數學問題，譬如遺產繼承、審理案件、丈量土地、修築運河等。

　　花拉子米把這些實際問題化為一次或二次方程的求解問題，他把未知量稱為「硬幣」或植物的「根」，我們現在把解方程稱為「求根」正是來源於此。

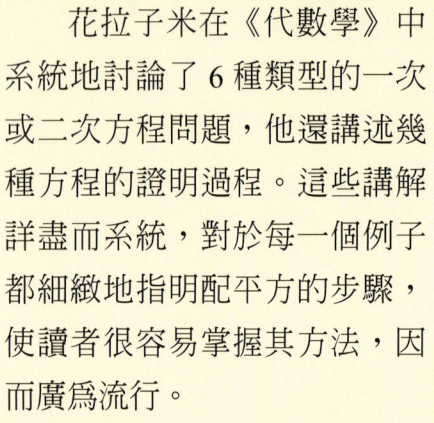

花拉子米在《代數學》中系統地討論了 6 種類型的一次或二次方程問題，他還講述幾種方程的證明過程。這些講解詳盡而系統，對於每一個例子都細緻地指明配平方的步驟，使讀者很容易掌握其方法，因而廣為流行。

十二世紀時，花拉子米的著作被翻譯成拉丁文，並傳入歐洲。從那以後，十進位系統和《代數學》中的數位運算法開始在西方扮演起重要的角色，並隨著後來歐洲人的擴張，被傳播到全世界。

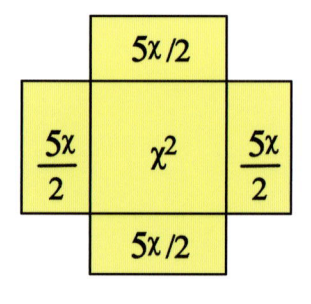

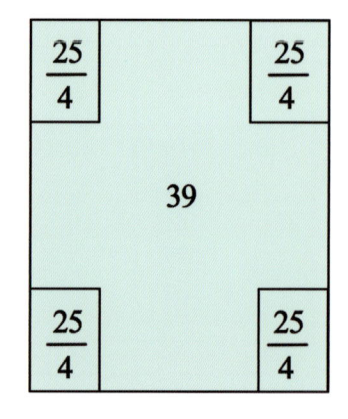

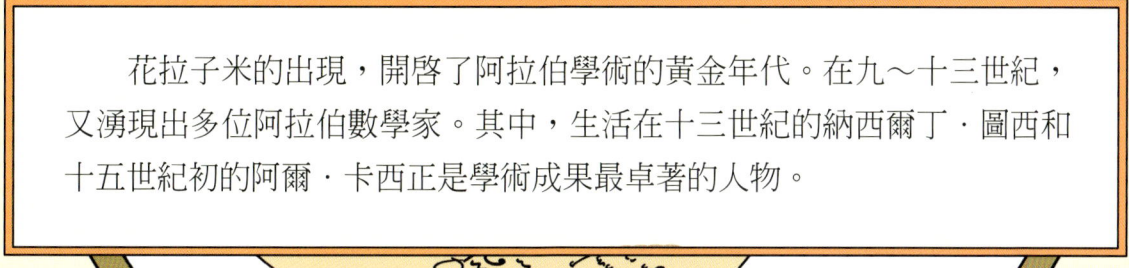

花拉子米的出現，開啓了阿拉伯學術的黃金年代。在九～十三世紀，又湧現出多位阿拉伯數學家。其中，生活在十三世紀的納西爾丁・圖西和十五世紀初的阿爾・卡西正是學術成果最卓著的人物。

　　納西爾丁・圖西是阿拉伯三角學的代表人物，他在著作《論完全四邊形》中建立三角學的系統知識，從而使三角學脫離天文學而成爲數學的獨立分支。

　　書中將平面三角、球面幾何和球面三角結合起來，並制定了更精確的三角函數表——我們今天學習函數時仍在使用這些表格。

數學家兼天文學家阿爾·卡西生活在十四世紀末～十五世紀初，他在代表作《圓周論》中對 π 進行推算，成功得到 17 位圓周率——即 3.1415926535897932！

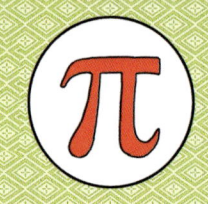

$$\pi = 3.1415926535897932$$

這 17 位數字都是準確的，這也是中國數學家祖沖之在千年前的紀錄第一次被後人打破！

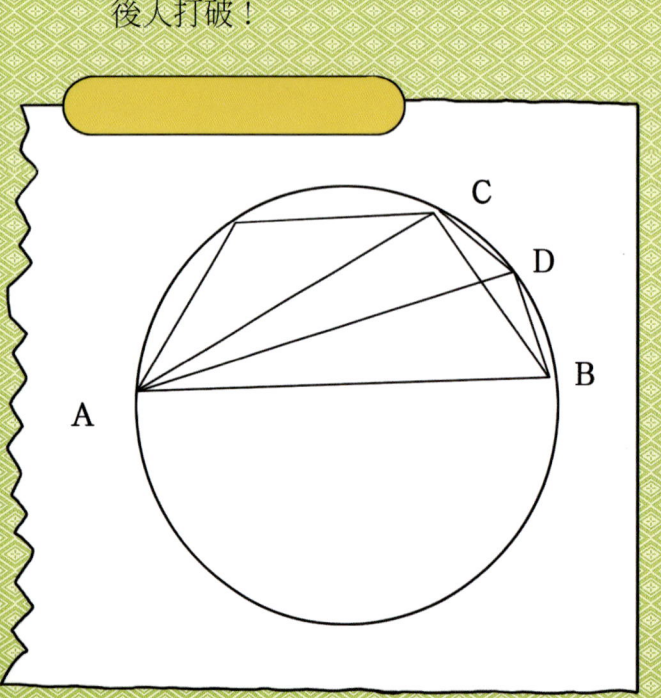

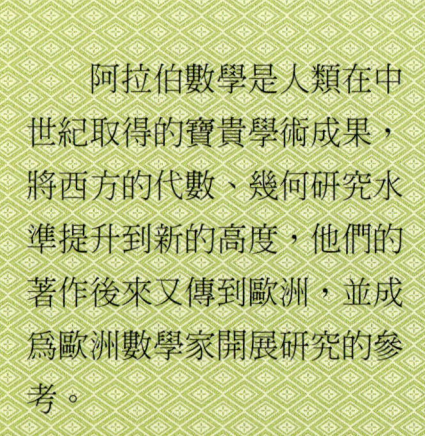

阿拉伯數學是人類在中世紀取得的寶貴學術成果，將西方的代數、幾何研究水準提升到新的高度，他們的著作後來又傳到歐洲，並成為歐洲數學家開展研究的參考。

阿維森納

阿拉伯醫學之聖

西元 980～1037 年

阿維森納不僅是一位名醫，還精通天文學、數學，是一個博采眾家之長的學者。他總結了古希臘、印度、波斯各國的醫學成就，撰寫了《醫典》、《心臟病治療》等大量著作，被後人奉為三大醫學鼻祖之一。

西元 980 年，一名叫阿維森納的人出生在布哈拉的一個村長家。他從小就非常聰明，10 歲便能背誦《古蘭經》全文。

十多歲時，他開始學習亞里斯多德、歐幾里得和托勒密的著作，對幾何和天文學知識的掌握，很快就超過了自己的老師。

16歲時，阿維森納已經成為一名醫生。在18歲時，他已精通幾何學、數學、物理學、哲學等各種知識，成為遠近聞名的學者。

有一次國王埃米爾生了怪病，許多醫生都醫治無效，而阿維森納卻成功治好了他。由此他得到埃米爾的寵幸，還被允許進入皇家圖書館。這讓阿維森納欣喜不已，他開始日以繼夜地研讀各種圖書。這一經歷豐富了他的醫學理論，為他撰寫自己的著作奠定了重要基礎。

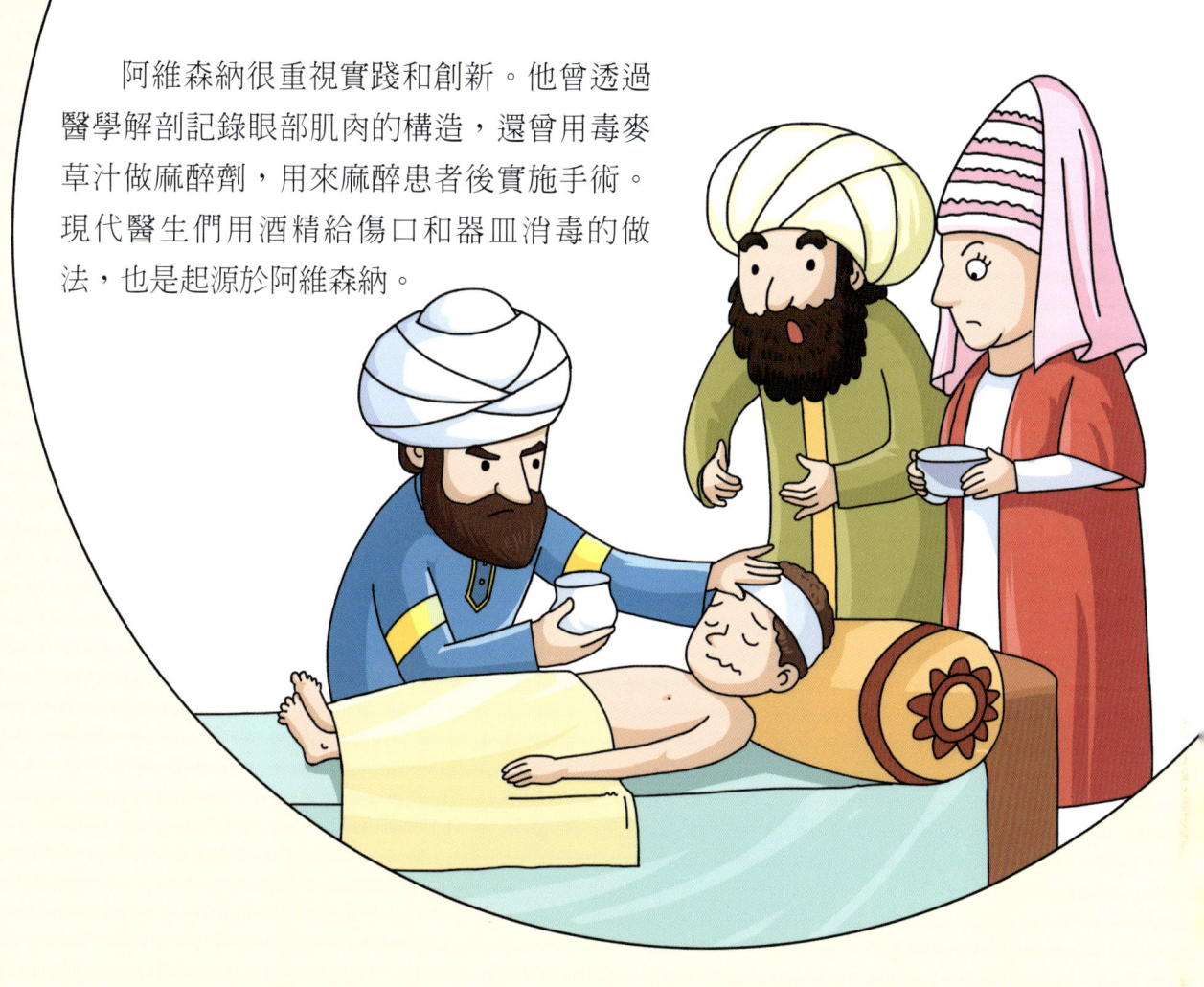

阿維森納很重視實踐和創新。他曾透過醫學解剖記錄眼部肌肉的構造，還曾用毒麥草汁做麻醉劑，用來麻醉患者後實施手術。現代醫生們用酒精給傷口和器皿消毒的做法，也是起源於阿維森納。

為了研究不良環境對生命的影響，他曾把兩隻體質相同的小羊，放在兩個完全不同的環境裡圈養，其中一隻羊的羊圈旁放著狼籠。結果這隻與狼比鄰的小羊很快就死了，而隔壁的小羊還活得很好。

阿維森納透過這個實驗，證明不良環境對生命的影響可能是致命的。他由此提出醫療病人時也要注意營造良好環境，讓病人睡眠充足、保持愉快。

西元 999 年，一場突然的變故打亂了阿維森納的生活——埃米爾王朝滅亡了，阿維森納的父親去世，他不得不背井離鄉，開始了長達 15 年的漂泊流浪、江湖行醫的生活。

西元 1001 年，阿維森納來到裡海東南部的戈爾甘開始行醫。兩年後，他開始編寫自己的醫學代表作《醫典》。

《醫典》融合了古希臘、古印度和中國的醫學理論，又加入阿維森納在行醫過程中所積累的原始觀察資料，是一本難得的醫學著作。

《醫典》全書超過 100 萬字，分成五卷，第一卷論述醫學的範圍，接著闡述各器官的特徵、年齡和性別的影響，各種器官疾病，肌肉、神經、動脈與靜脈等。

第二卷由兩部分組成，第一部分論述如何透過實驗和影響來確定藥劑的調和，第二部分按字母順序列出了 760 種藥物。

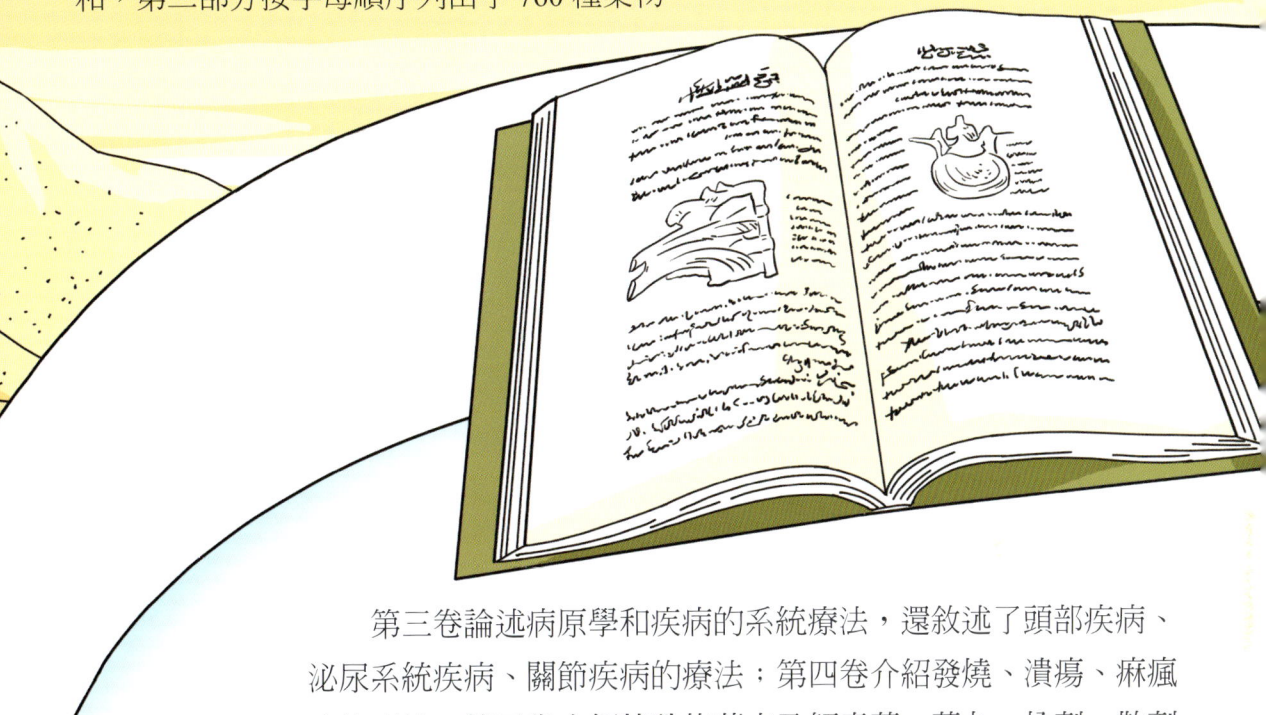

第三卷論述病原學和疾病的系統療法，還敘述了頭部疾病、泌尿系統疾病、關節疾病的療法；第四卷介紹發燒、潰瘍、麻瘋病的療法；第五卷介紹特殊的藥方及解毒藥、藥丸、栓劑、散劑等製法。

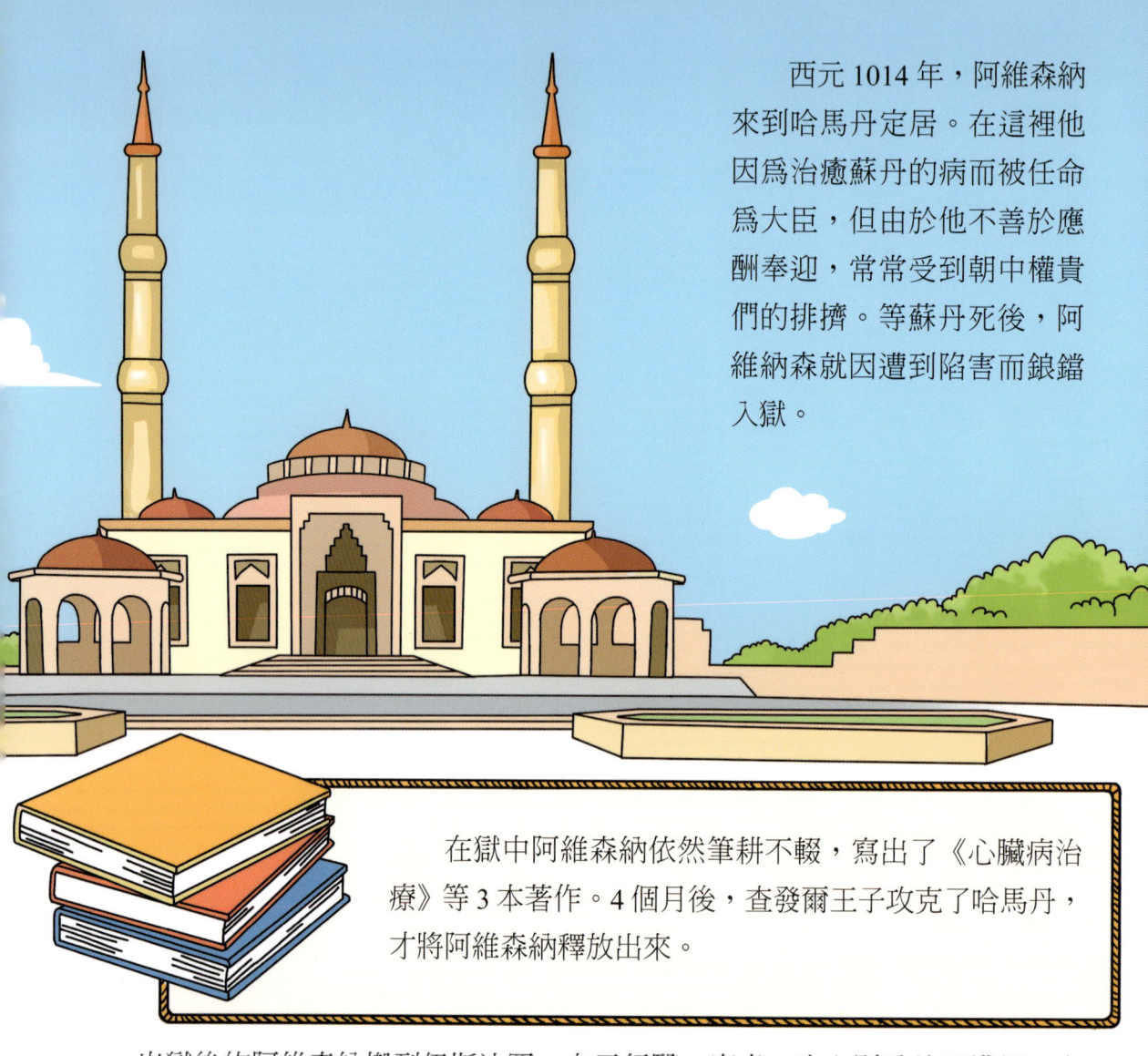

西元1014年，阿維森納來到哈馬丹定居。在這裡他因為治癒蘇丹的病而被任命為大臣，但由於他不善於應酬奉迎，常常受到朝中權貴們的排擠。等蘇丹死後，阿維納森就因遭到陷害而鋃鐺入獄。

在獄中阿維森納依然筆耕不輟，寫出了《心臟病治療》等3本著作。4個月後，查發爾王子攻克了哈馬丹，才將阿維森納釋放出來。

出獄後的阿維森納搬到伊斯法罕，白天行醫、寫書，晚上則為弟子講課。由於太過勞累，他的身體日漸虛弱。西元1037年，阿維森納與世長辭，享年57歲。

阿維森納的一生很短暫，但卻留下四百五十多部醫學著作！其中就屬《醫典》影響最大。十二世紀時，這部書被翻譯成拉丁文並傳到歐洲。僅在十五世紀末～十六世紀初，這本書就發行了 36 次！

| 希波克拉底 | 蓋倫 | 阿維森納 |

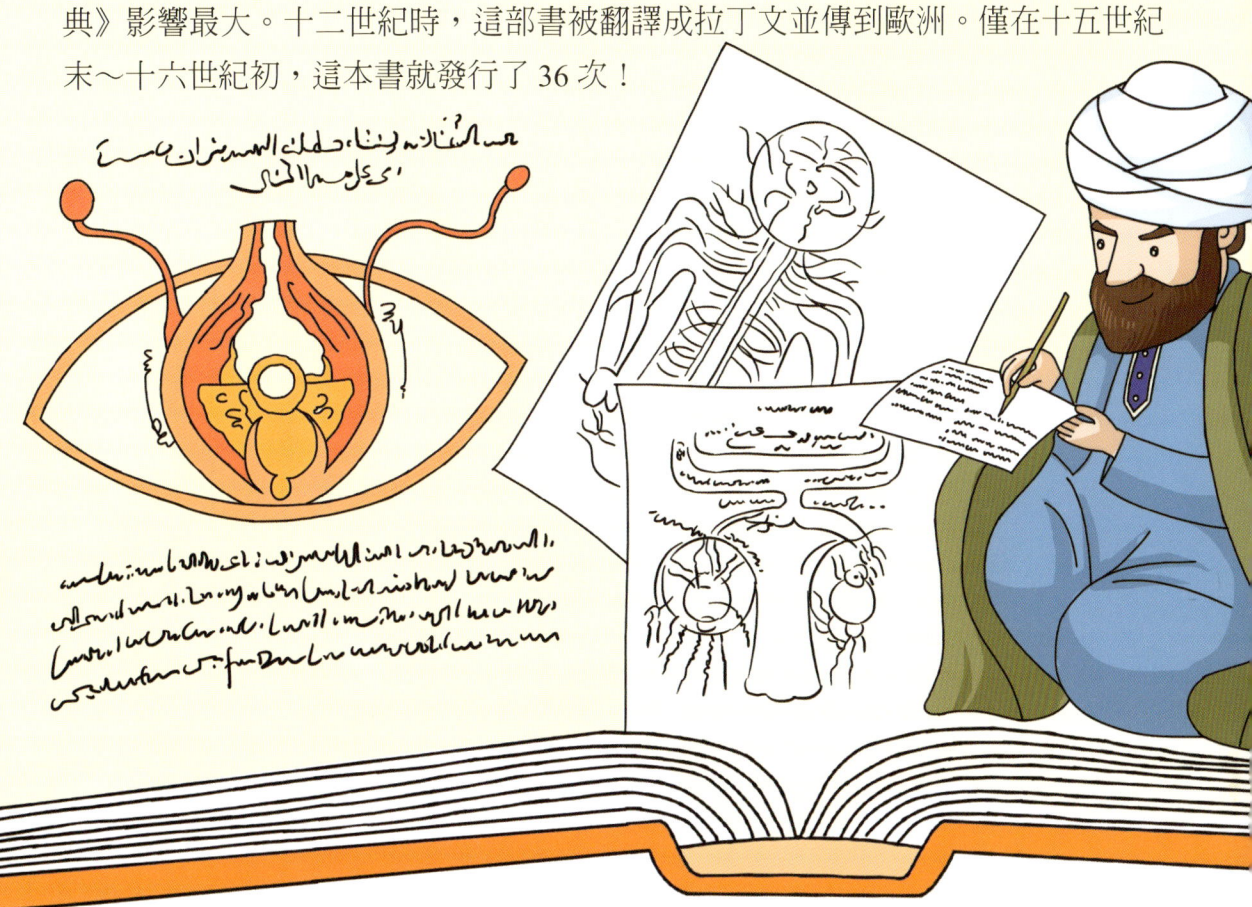

為了紀念阿維森納的貢獻，後人將他與古希臘的希波克拉底、蓋倫並列為醫學史上的三位鼻祖，並稱他為「醫學之聖」。西元 2004 年，聯合國教科文組織在第 166 屆執委會上設立了阿維森納科學倫理獎，用以紀念這位偉大的醫學家。

博物學家沈括
撰寫出北宋科技百科全書

西元 1031〜1095 年

　　西元 960 年，中國人建立了宋王朝。這是一個文化興盛、科學發達的王朝，誕生了一大批科學家和藝術家，博物學家沈括就是其中的代表。西元 1086 年，沈括撰寫的科技百科全書《夢溪筆談》出版。

　　西元 1031 年，沈括出生在北宋一個官員世家。他從小勤奮好學，14 歲就讀完家裡的藏書，後來又跟著父親四處遊歷，這時的他已表現出對大自然的強烈興趣和敏銳觀察力。

　　西元 1054 年，沈括被任命為任海州沭陽縣的一個小官，他帶領鄉民治理水患、開發農田，取得了不錯的成績。西元 1063 年，他考上進士，正式開啟自己的官宦生涯。

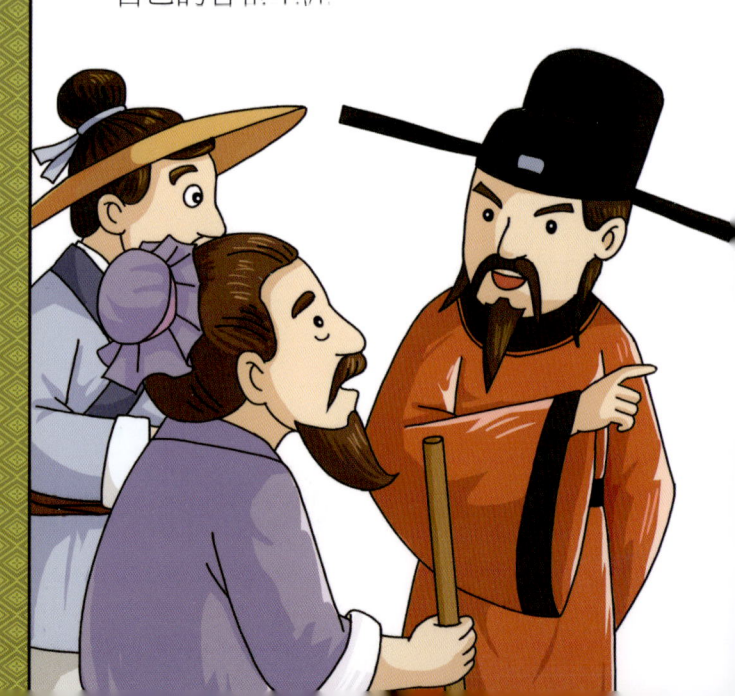

擔任朝廷官員期間，沈括曾參與變法、出使遼國、戍守西夏等很多大事件。在這期間他也一直進行科學研究，在數學、物理學、化學上都頗有建樹。

西元1082年，沈括因為軍事上的失敗備受打擊，他開始將更多精力放在著書立說上。隨後他花費近10年時間寫出《夢溪筆談》一書，將自己關於地理學、光學、磁學、化學、古生物學方面的研究成果都記錄在其中。

「這本書的出版是中國科技史上的里程碑。」

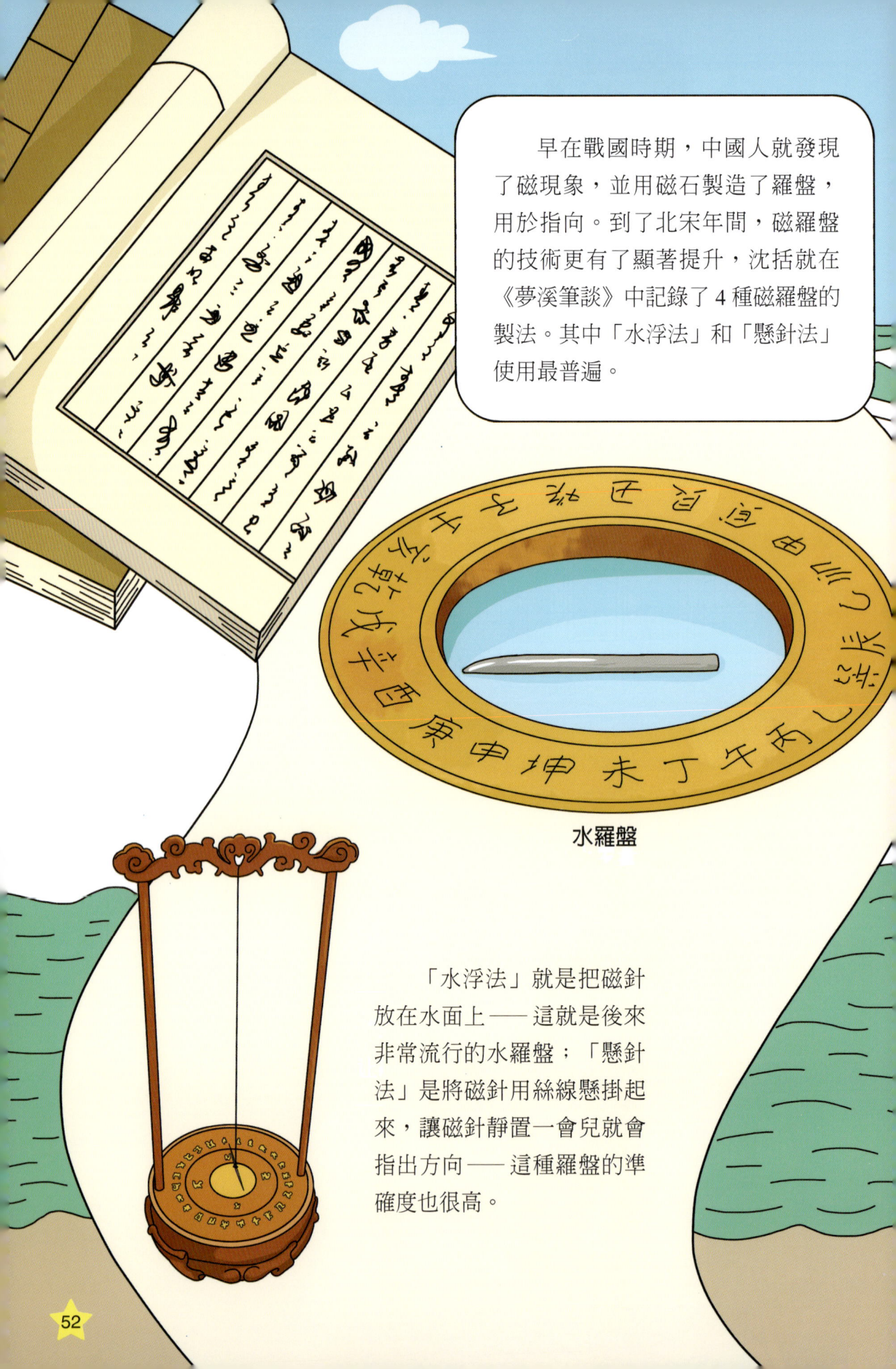

早在戰國時期，中國人就發現了磁現象，並用磁石製造了羅盤，用於指向。到了北宋年間，磁羅盤的技術更有了顯著提升，沈括就在《夢溪筆談》中記錄了4種磁羅盤的製法。其中「水浮法」和「懸針法」使用最普遍。

水羅盤

「水浮法」就是把磁針放在水面上——這就是後來非常流行的水羅盤；「懸針法」是將磁針用絲線懸掛起來，讓磁針靜置一會兒就會指出方向——這種羅盤的準確度也很高。

正因為有了先進的羅盤，宋朝的船隊才能在海上辨別方向，並促使南宋時中國和東南亞海上貿易的繁榮。

除了羅盤，《夢溪筆談》還記錄了許多化學上的新發現，譬如用硫酸銅溶液煉銅──書中介紹到信州鉛山縣有苦泉，舀取泉水煎熬，就能得到膽礬（硫酸銅），烹製膽礬就能生成銅，日子久了，熬膽礬的鐵鍋也會變成銅。

宋朝時，人們還意識到石油的存在並已加以利用，當時的人主要將石油製成油燈的燃料，而沈括發明了用石油製墨的方法。沈括還曾在書中預言：「這種物質一定會風靡天下。」

53

沈括還是一位旅行家，他在擔任官員期間曾在各地考察地理、地質等情況。他曾在西元1087年繪製出一套《天下州縣圖》，全套地圖共20幅，比例為9000000:1。在製圖方法上，沈括首創了「飛鳥圖」，就是用飛鳥的視角來表現距離，類似現在的航空拍攝圖。

　　關於各種地貌的成因，沈括也有自己的推斷：他認為華北的平原正是由黃河、滹沱河等河流不斷沖刷形成的；而浙江雁蕩山的喀斯特地貌，則是由溪流沖刷形成。這些推斷無疑非常正確。

火山岩

消失的溪流

石灰岩

洞穴

溪流

火山沉積岩

石灰岩裂縫

二氧化碳溶解於水

降雨

土壤

石灰岩

沈括還在遊歷太行山時，看到山岩中有一些貝殼、海螺的化石，他由此推斷這裡在遠古時曾是海洋。

沈括還論述過彩虹的形成是光在大氣中發生折射，還解釋過龍捲風發生的原因等。他對自然地理的研究，在許多方面都走在當時世界的前端。

西元 1095 年，沈括因病離世。僅僅 32 年後，北宋王朝就滅亡了。隨後康王趙構在南京稱帝，建立了南宋王朝。相較於北宋，南宋的國土小了很多，但科學和文化的精髓卻保留了下來。

法醫宋慈

世界法醫學奠基人

西元 1186～1249 年

宋慈是南宋時著名的法醫學家，他總結自己數十年辦案、蒐證的經驗，寫出了《洗冤集錄》一書，這是世界上最早的法醫學著作，裡面很多知識直到現在仍具有啟發性。

宋慈出生在一個法醫家庭，他的父親就是衙門的刑獄官員。31歲那年宋慈考中進士，開始擔任官員。西元1240年，宋慈開始擔任廣東刑獄司，所謂「刑獄司」相當於現在的檢察長。

宋慈審理犯人時幾乎不動刑，而是採集證據，給出邏輯推論，讓犯人心服口服、自行認罪。有一次他要偵破一個鐮刀殺人案，死者是一名農夫，他的身上被砍了數十刀，很多人在知道死者的情況後都認為是劫財殺人。

但宋慈查看死者後卻認為案情沒這麼簡單——因死者身上的傷口是被鐮刀砍出來的，宋慈因此推斷兇手應該是村裡的人，而不是強盜。

於是他讓村中的農戶把自家的鐮刀都拿出來，並擺在太陽下。

過了1個小時，就看到其中一把鐮刀上爬滿蒼蠅。

宋慈詢問死者的妻子是否認識鐮刀的主人，妻子回答認識，這個人之前曾跟死者發生衝突。

於是宋慈認定這個人就是兇手。

為什麼宋慈會得出這樣的結論呢？原因很簡單，兇手用鐮刀殺人，鐮刀上的血可以洗掉，但血腥味卻無法在短期內去除，所以蒼蠅會順著氣味停在殺人的鐮刀上。

　　宋慈在還原死亡現場的血跡時，也有一套自己總結出的方法：他會讓人把濃醋和白酒潑灑在案發現場，等過一會兒血跡就會顯現，他便可以透過觀察血跡來還原現場的打鬥痕跡。這又是什麼原理呢？

　　其實白酒在這裡充當了有機溶液，可以將血跡吸出來，濃醋中的酸又會與血跡中凝固的血紅蛋白發生反應，使蛋白溶解、顯現。

宋慈在檢驗那些已經腐爛成白骨的死者時，常用醋、白酒來「蒸骨」，其實也是利用這個原理。

對於屍骨上那些很難發現的細小傷口，宋慈還發明了一種「紅傘驗骨」的方法，即把屍骨用醋和白酒蒸過之後，放在太陽底下，撐一把紅紙傘，在傘下檢驗屍骨。這個方法其實是利用紅傘過濾掉部分可見光，並讓傷口在類似紫外線的環境中顯現。

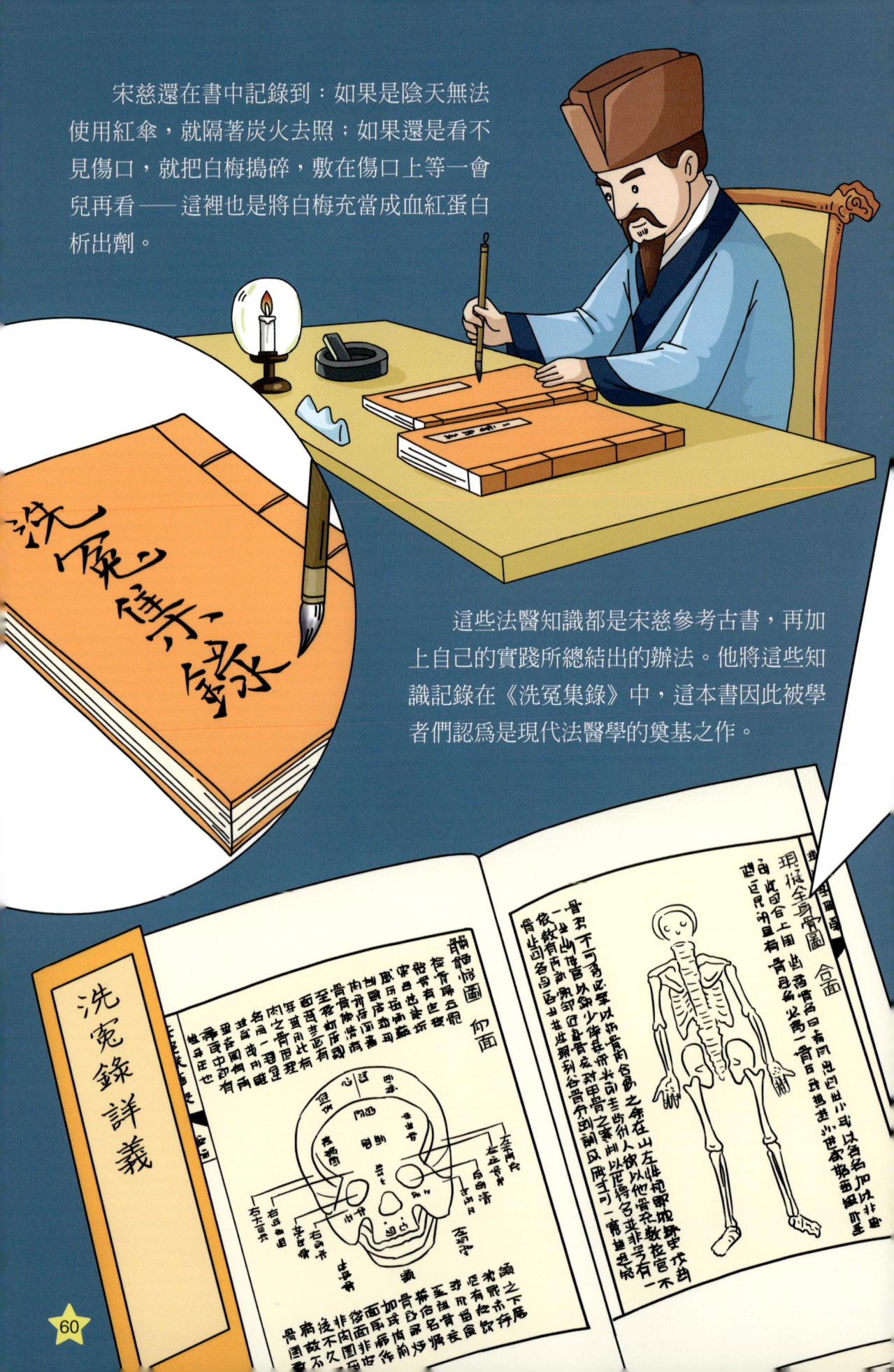

宋慈還在書中記錄到：如果是陰天無法使用紅傘，就隔著炭火去照；如果還是看不見傷口，就把白梅搗碎，敷在傷口上等一會兒再看——這裡也是將白梅充當成血紅蛋白析出劑。

這些法醫知識都是宋慈參考古書，再加上自己的實踐所總結出的辦法。他將這些知識記錄在《洗冤集錄》中，這本書因此被學者們認為是現代法醫學的奠基之作。

其實在這本書中不光有各種法醫學知識，還有先進的醫學理念，譬如破傷風的概念。破傷風是指傷口感染引發的炎症，是由細菌引起的，雖然宋朝人沒看過細菌，但宋慈已經意識到這是某種外物進入傷口後引起的病症。

> **破傷風** 灌注致命身死，兩乳脅肋傍臍腹間大亦可死，其痕周匝有血

宋朝人在為打架鬥毆量刑時，會有一個「保辜」制度，就是如果傷者因為傷口感染而死掉，那麼打人者要按殺人罪論處。這就是一個將醫學知識應用到刑獄斷案中的例子。

《洗冤集錄》出版後一直在中國使用了幾百年，後來這本書傳到歐洲並引發轟動。人們這才發現，南宋時的中國法醫學已經如此發達。

高棉帝國和吳哥窟

東南亞文化的明珠

約十一～十三世紀

大約在一世紀時，居住在中南半島的高棉人建立了一個叫扶南的城邦群國家。國中的人們信仰印度教和佛教，並擅長貿易。七世紀左右，扶南的一個屬國真臘崛起，並取代了扶南。

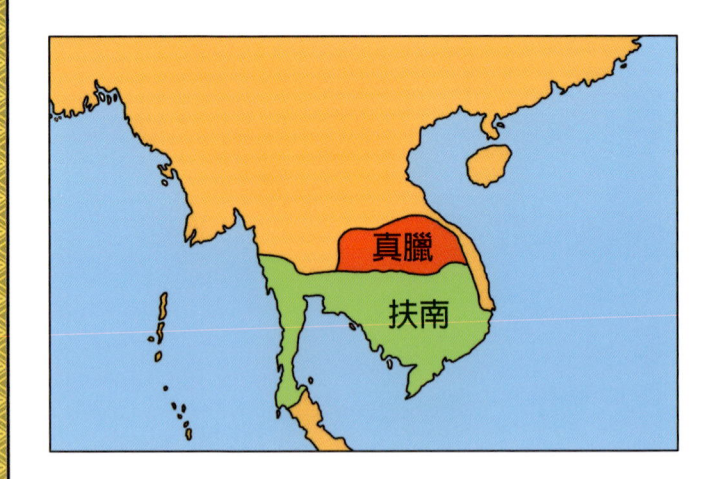

八世紀時，真臘分裂成水真臘、陸真臘，兩個國家不斷混戰，期間又遭遇爪哇人和占婆人的入侵，直到一百多年後，一位王子才重新統一兩個真臘。

十二世紀初，東南亞的真臘國力達到鼎盛，高棉人在這期間修建了恢弘華美的吳哥城。十四世紀以後，高棉人遭遇暹羅人入侵，他們只得遺棄吳哥城。約400年後，這座城市遺址才重新被發現。

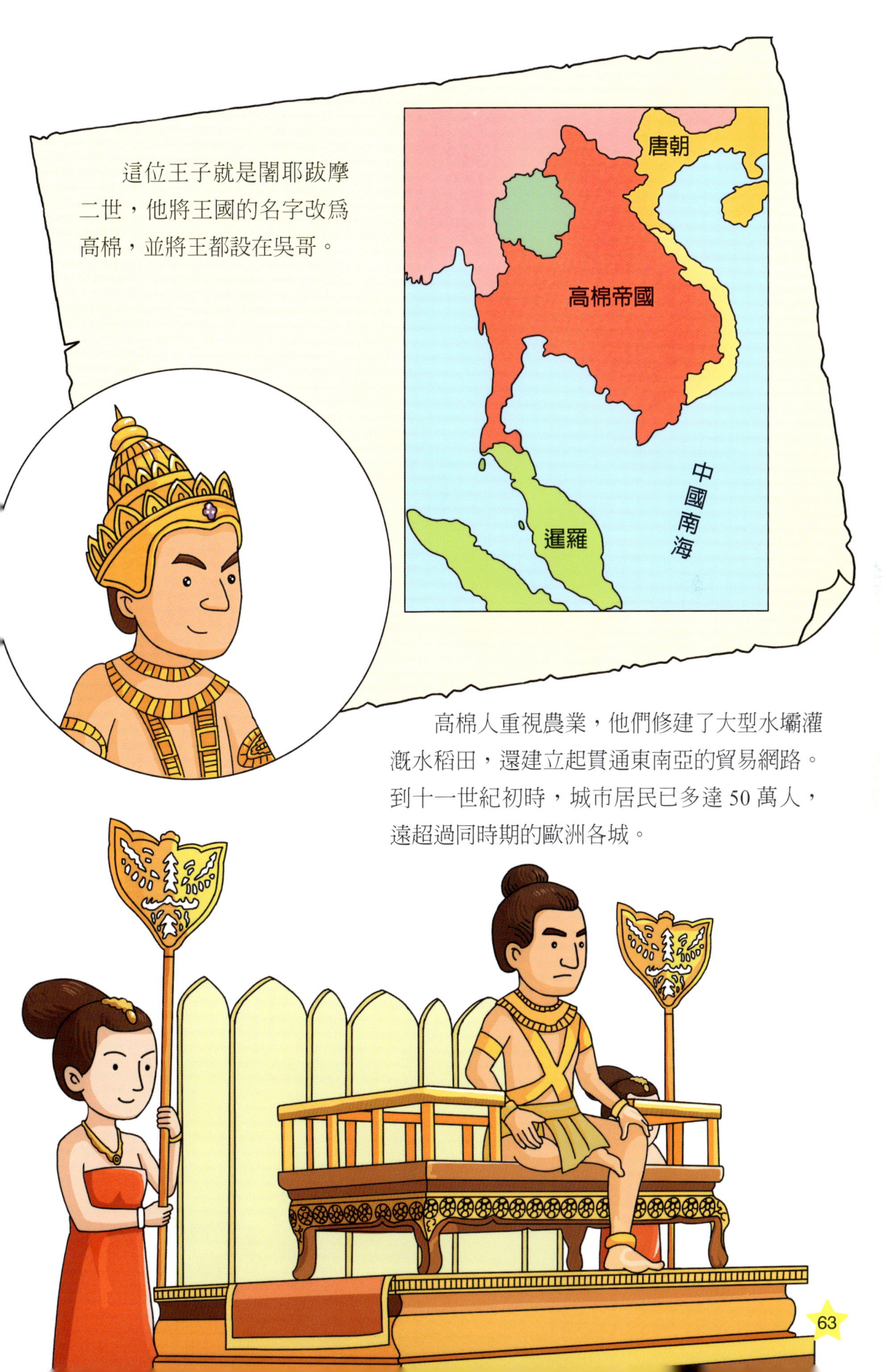

這位王子就是闍耶跋摩二世，他將王國的名字改為高棉，並將王都設在吳哥。

唐朝
高棉帝國
暹羅
中國南海

高棉人重視農業，他們修建了大型水壩灌溉水稻田，還建立起貫通東南亞的貿易網路。到十一世紀初時，城市居民已多達 50 萬人，遠超過同時期的歐洲各城。

高棉人還在吳哥修建大量神廟，建築上雕滿精美的雕塑，廟宇內放置著金、銀、玉石製作的孔雀、大象。宮殿的石牆上也雕滿浮雕，畫面記錄著帝國的神話和貴族生活。幾百年後中國旅行家汪大淵來到吳哥時，仍覺得這座城市讓人眼花繚亂。

　　高棉帝國迎來歷史上最輝煌的時期，國家富庶、文化深厚、軍事強大。吳哥作為帝國的中心，也迎來前所未有的繁榮。

　　十二世紀初，蘇利耶跋摩二世繼位後，為供奉印度教中的神祇毗濕奴而修建了一座超大的神廟，這座神廟前後花了三十多年才建成，它也成為整個吳哥城建築中的精華。

西元 1010 年，高棉國王蘇利耶跋摩一世登基，這一時期的高棉帝國兵強馬壯，士兵們驅使著大象軍團四處征戰，控制了越來越多的土地，帝國的疆域也達到前所未有的廣大。

不過再強大的帝國也逃不過衰亡的命運，高棉也是如此。在十四世紀以後，散居於東南亞的暹羅人不斷侵占高棉的土地，西元 1431 年更是攻入吳哥，高棉人被迫放棄自己的國都。

吳哥被遺棄後逐漸隱沒於叢林，並成為被人遺忘之地。直到 400 年後，一名法國人在柬埔寨獵人的帶領下，重新發現了這片遺址，高棉帝國曾經的輝煌才再次回到人們的視野中。

高棉帝國雖然滅亡了，但高棉人的後裔今天還生活在柬埔寨。古代高棉人創造的燦爛文明也深刻影響了東南亞各國，今天我們在他們的建築、宗教、藝術中都能窺見高棉帝國的影子。

而吳哥窟遺址也在西元 1992 年被聯合國列為世界文化遺產，它靜靜地迎接來自世界的遊客，並訴說自己曾經的輝煌。

蒙古人占領撒馬爾罕

蒙古西侵的開始

西元 1219～1221 年

撒馬爾罕位於今天的烏茲別克，歷史上它處於古波斯、印度和中國三大古文明交會之地，是絲綢之路上的交通樞紐。

早在西元前五世紀，粟特人就在這裡定居。隨著絲綢之路貿易的繁盛，各國的農產品、手工藝品、牲畜開始在撒馬爾罕匯集，城市也越建越大。

撒馬爾罕是絲綢之路上的交通樞紐，擁有 2500 年的歷史，被中亞各民族稱為「天堂之城」。西元 1220 年，蒙古人占領了撒馬爾罕，並將這裡改為帖木兒帝國的都城。

唐朝初年，有來自撒馬爾罕的使者來到長安，為皇帝帶來如鵝蛋大的黃桃，唐朝人將其稱為「撒馬爾罕的金桃」。

七世紀末，撒馬爾罕被納入阿拉伯帝國的版圖。隨後大大小小的清真寺開始在撒馬爾罕拔地而起，伊斯蘭教開始深刻影響撒馬爾罕的文化。

八世紀中葉以後，阿拉伯帝國產生分裂，撒馬爾罕開始被不同的蘇丹佔領。雖然統治者反覆地改變，但這座城市的繁華絲毫不受影響。這裡人口眾多、街道整齊、貨物豐富、繁榮穩定，逐漸成為各族人民口中的「天堂之城」。

十二世紀末，花剌子模成為一個獨立王國，撒馬爾罕成為國都。但這樣的日子並沒持續多久，因為西元 1219 年蒙古人來了，這座歷史悠久的中亞古城即將迎來命運的轉捩點。

西元 1219～1221 年，花剌子模和蒙古人打了 3 年，最終還是因為無心再戰而投降。蒙古人殺掉投降的 5 萬名花剌子模俘虜，又將城市洗劫一空，把大量百姓驅趕到城外做奴隸，撒馬爾罕的人口瞬間銳減到之前的四分之一！

蒙古人占領撒馬爾罕只是一個開始，隨後他們繼續向西征戰，一直打到東歐。蒙古人不只在中亞開闢戰場，他們還向東進攻，滅掉了西遼、金、南宋，一直打到緬甸。

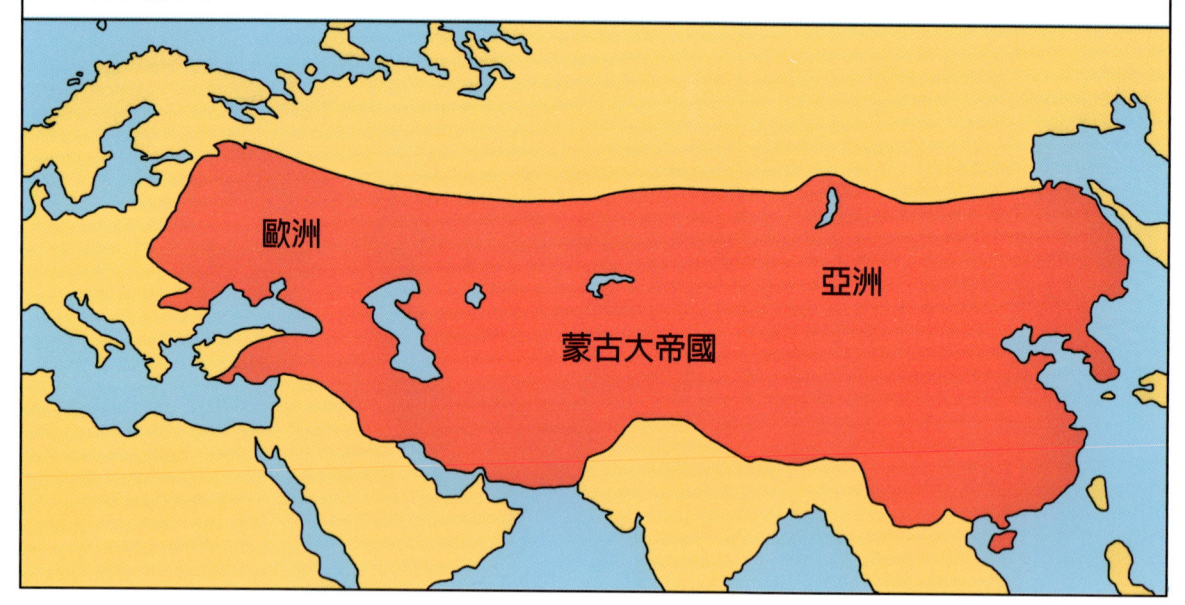

不過蒙古人善於征戰卻不善於治理，所以他們的巨大帝國很快就分裂成眾多小國家。西元 1370 年，蒙古貴族帖木兒在中亞建立了帖木兒帝國。

帖木兒帝國東征西討占領了波斯全境、北印度和今天的敘利亞、土耳其等地。由於帖木兒出生在撒馬爾罕，所以他對這座城市抱有特殊的情愫，在新帝國建立起來後，他開始在帝國全境內徵集工匠和材料建設撒馬爾罕。

西元 1405 年，帖木兒病逝，遺體被運回撒馬爾罕安葬，後來他的陵墓一帶逐漸擴展成帖木兒家族陵墓。

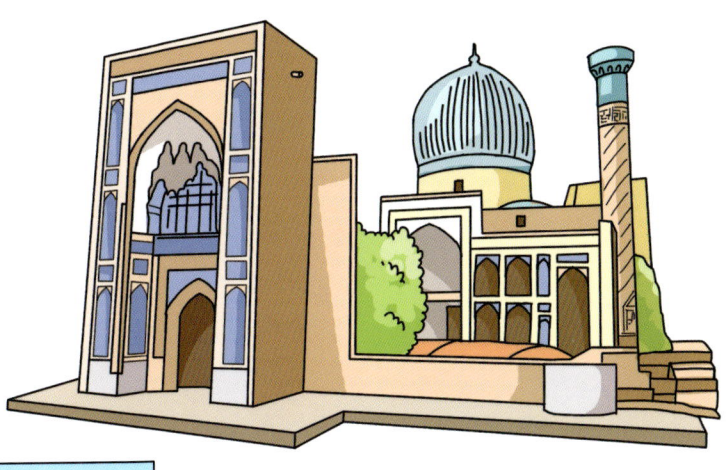

西元 1428 年，帖木兒的後人、天文學家兀魯伯在撒馬爾罕設立了天文臺，這是中世紀最具世界影響力的天文臺。

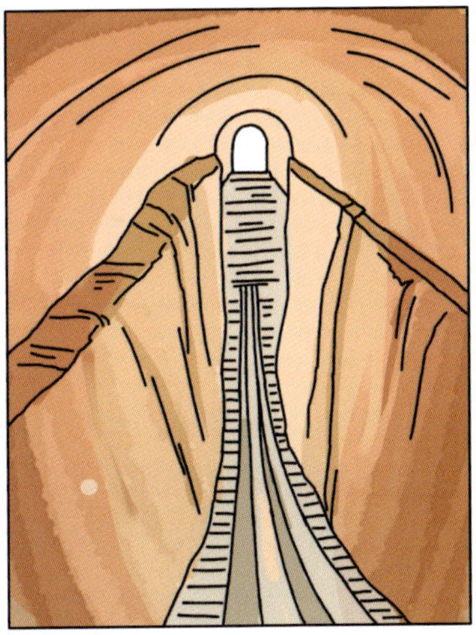

兀魯伯天文臺遺址外觀

巨型象限儀的軌道遺址

比比哈努清真寺

直至今天，如果你來到撒馬爾罕，還能看到這些陵墓、清真寺和天文臺遺址，它們正是撒馬爾罕悠久歷史的象徵。

鄭和下西洋

大航海時代前最大規模的海上冒險

西元 1405～1433 年

在十五世紀初，明朝人鄭和率領龐大的艦隊開展了 7 次遠洋航行，史稱「鄭和下西洋」。鄭和的船隊先後到達東南亞、南亞、阿拉伯半島和非洲東岸，並和沿岸國家建立起朝貢貿易關係。

早在十二世紀，中國人就依靠先進的航海技術打通了「海上絲綢之路」，與東南亞和南亞各國建起密切的貿易聯繫。

中國人主要對外銷售瓷器、絲綢等手工藝品，並從外國購買香料、寶石等。十四世紀末明朝建立以後，朝廷更是組織了一支龐大的國家級艦隊，多次出訪國外。率領這支艦隊的人就是鄭和。

鄭和的船隊曾 7 次遠航，先後到達過今天的泰國、柬埔寨、印尼、斯里蘭卡、伊朗波斯灣、麥加、索馬利亞、肯亞等地——即便今天看來，這也是很了不起的遠航。

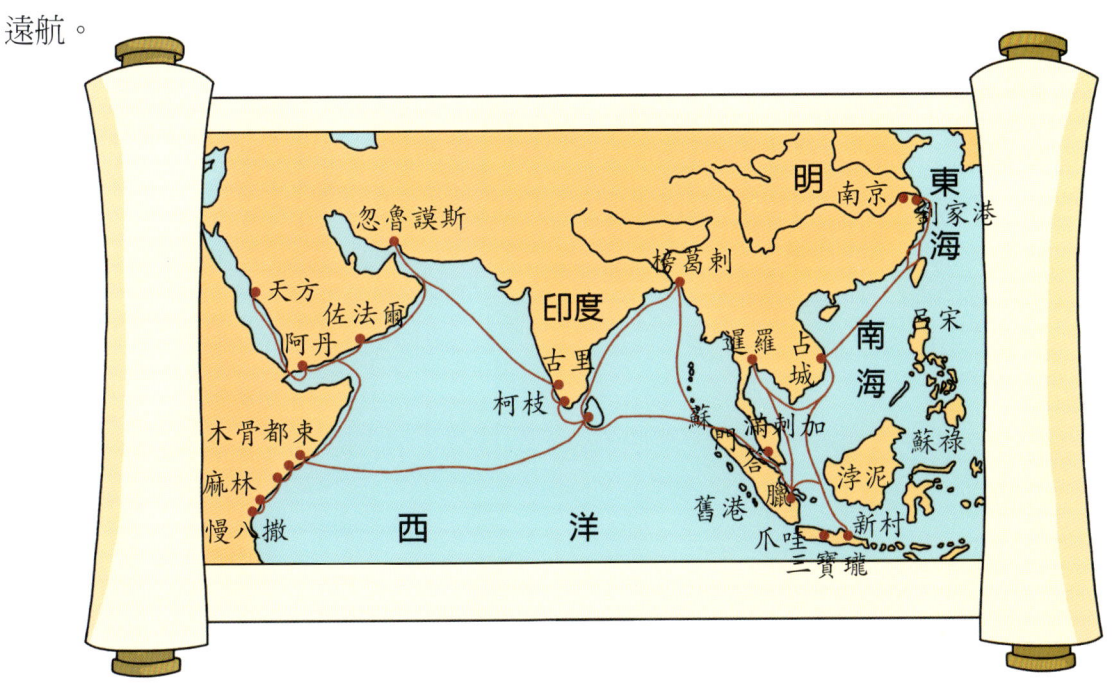

船隊規模龐大，包含兩百多艘不同大小的艦船。這些船的建造工藝非常先進，採用水密隔艙結構，增加了行船安全性。船殼則採用「魚鱗式搭接法」，從而使船殼板連結緊密嚴實，不易漏水。

正因為船隊龐大，攜帶物資充足，所以鄭和的船隊沒有出現歐洲船隊流行的敗血病。據記載，水手們甚至曾在船上種菜、養豬、種藥材。

鄭和考察了沿途國家的經濟、物產、軍事等情況，並和他們建立了貿易聯繫。在今天馬來西亞、印尼的一些博物館裡，仍然可以見到當年鄭和帶過去的瓷器和工藝品。

鄭和也從非洲帶回兩頭長頸鹿，當時的中國人從來沒見過這種動物，都以為那就是傳說中的神獸麒麟。

不過在這一列遠航結束以後，明朝政府就下令閉關鎖國，這使中國錯過了接下來的大航海時代。不過雖然朝廷不再派船隊出海，民間還是有很多商船外出進行貿易，我們現在吃的番薯、玉米、馬鈴薯等農作物，就是明朝晚期從海上傳入的。

五南
WU-NAN

全新官方臉書

五南讀書趣

WUNAN Books since1966

Facebook 按讚

1秒變文青

五南讀書趣 Wunan Books

★ 專業實用有趣
★ 搶先書籍開箱
★ 獨家優惠好康

不定期舉辦抽獎
贈書活動喔！！！

經典永恆・名著常在

五十週年的獻禮——經典名著文庫

五南，五十年了，半個世紀，人生旅程的一大半，走過來了。
思索著，邁向百年的未來歷程，能為知識界、文化學術界作些什麼？
在速食文化的生態下，有什麼值得讓人雋永品味的？

歷代經典・當今名著，經過時間的洗禮，千錘百鍊，流傳至今，光芒耀人；
不僅使我們能領悟前人的智慧，同時也增深加廣我們思考的深度與視野。
我們決心投入巨資，有計畫的系統梳選，成立「經典名著文庫」，
希望收入古今中外思想性的、充滿睿智與獨見的經典、名著。
這是一項理想性的、永續性的巨大出版工程。
不在意讀者的眾寡，只考慮它的學術價值，力求完整展現先哲思想的軌跡；
為知識界開啟一片智慧之窗，營造一座百花綻放的世界文明公園，
任君遨遊、取菁吸蜜、嘉惠學子！